LE GUIDE

DES

SERGENS DE VILLE.

IMPRIMERIE DE A. HENRY,
Rue Gît-le-Cœur, n° 8.

LE GUIDE

DES

SERGENS DE VILLE,

ET AUTRES PRÉPOSÉS

DE L'ADMINISTRATION DE LA POLICE,

CONTENANT

Par ordre alphabétique les dispositions des Lois, Ordonnances, Règlemens, Arrêtés, Décisions, etc., relatifs à la police de Paris, à l'usage seulement des Agens du service actif ou extérieur.

PAR B .LET,

Officier de paix.

PARIS,

CHEZ L'AUTEUR, PLACE DE L'HOTEL-DE-VILLE, N° 5.

1831.

AVERTISSEMENT.

Le but de cet Ouvrage est d'éclairer les agens de l'Administration de la police, dans l'exercice journalier de leurs fonctions.

L'expérience a démontré qu'un travail de cette nature manquait à cette classe d'employés, abandonnés la plupart du tems à leur propre jugement, dans des opérations difficiles où le zèle ne peut suppléer à l'instruction.

Il est certain qu'à l'aide de ce guide, qui comprend la généralité des dispositions des lois et règlemens en vigueur, dont l'exécution est confiée aux agens du service extérieur, ils surmonteront la majeure partie des difficultés qu'on rencontre à chaque pas dans ce genre de service.

Toutefois, le Rédacteur de ce guide ne s'est pas dissimulé qu'une partie des matières que traite ce volume, subira quelques changemens dans le cours d'une année; c'est un inconvénient auquel il n'a pu remédier, mais il a pensé que si les articles : *Afficheurs*, *Crieurs-publics*, *Etalages-sédentaires*, *Voitures-omnibus*, etc., étaient assujétis à des variations, ceux intitulés : *Arrestations*, *embarras sur la voie publique*; *Incendie*, et quelques autres, n'éprouveraient jamais que de légers changemens, qui n'en altéreraient pas les principes.

On trouvera à la fin de ce recueil quelques modèles de rapports à l'usage des mêmes agens.

Enfin, c'est une espèce de cours de jurisprudence de police municipale, où toutes les questions traitées sont appuyées ou résolues par des citations de lois, règlemens, décisions, arrêtés, arrêts de cassation et autres autorités.

LE GUIDE

DES

SERGENS DE VILLE

ET AUTRES PRÉPOSÉS

DE L'ADMINISTRATION DE LA POLICE.

ABANDON.

L'ABANDON de tous objets nuisant à la circulation du public, doit être signalé au commissaire de police du quartier, pour qu'il puisse, non-seulement constater la contravention, s'il y a lieu, mais prendre les mesures nécessaires pour la faire cesser sur-le-champ. (Voir *Animaux.*)

ABAT-JOURS.

Il faut une permission du préfet de Police, pour en placer en saillie; cette saillie ne peut excéder trente-trois centimètres à la partie la plus élevée. (*Ordonnance du Roi*, *du* 24 *décembre* 1823.)

ABREUVOIRS.

Voir Chevaux.

ACCIDENS.

Les agens doivent s'enquérir des causes des accidens, et en conduire les auteurs ou complices au bureau de police du quartier où ils sont arrivés.

Dans le cas où l'accident aurait été occasioné par une diligence ou autre voiture, faisant un service public, tels qu'une malle, un courrier du Gouvernement, etc., se borner à recueillir le nom du conducteur, courrier ou postillon, et le numéro d'estampille ou de police de la voiture, sans la détourner de son chemin; en faire rapport indiquant toutes les circonstances et les témoins, et remettre le tout au commissaire de police qui doit en connaître.

ACHATS D'OBJETS VOLÉS.

L'on doit surveiller les gens qui cherchent à vendre à vil prix des effets ou objets quelconques aux fripiers ou revendeurs; les conduire au bureau de police du quartier de l'acheteur, pour faire sur la possession des objets dont ils sont nantis, les justifications nécessaires; il faut vérifier surtout si ces objets portent des marques se rapportant aux noms des vendeurs, et enfin s'ils paraissent dénaturés ou démarqués.

ACCOTEMENS.

On nomme accotemens les parties non pavées de chaque côté des chaussées de rues ou boulevarts.

Aucune dégradation, aucun embarras ne peuvent y être faits, sous des peines de simple police. (*Ordonnance du Roi*, *du 4 août* 1731.)

AFFICHES, AFFICHEURS.

Toutes les affiches, exceptées celles de l'autorité publique, doivent être sur papier timbré. (*Loi du* 28 *juillet* 1791.)

Elles ne peuvent être placardées qu'aux endroits désignés par le Préfet de police. (*Ordonnance de police, du* 28 *novembre* 1827.)

Défense de couvrir ou arracher aucune affiche émanée de l'autorité publique. (*Ordonnance de police de* 1780.)

On ne peut afficher sur les édifices et monumens publics, sous peine d'être considéré comme coupable de dégradation. (*Ordonnance de police du* 23 *août* 1830.) Cette prohibition s'étend:

1°. Aux édifices religieux, sans toutefois défendre les affiches qui concernent les cultes ;

2°. Aux arcs de triomphe ;

3°. Au Panthéon ;

4°. Aux châteaux des Tuileries et du Louvre ;

5°. Au Musée du Louvre ;

6°. Aux Palais-Royal, de la Chambre des Pairs et des Députés ;

7°. Aux palais de l'Institut et de la Bourse ;

8°. Aux fontaines publiques et monumentales ;

9°. Aux piédestaux des statues ;

10°. A l'hôtel des Invalides ;

11°. Et à la façade de l'Hôtel-de-Ville. (*Circulaire du Préfet de police, du 4 décembre* 1830.)

Les afficheurs doivent être pourvus de l'extrait de la déclaration qu'ils sont tenus de faire à la Préfecture de police, conformément à la loi du 10 décembre 1830.

La surveillance des agens de l'administration doit aussi se porter sur ces afficheurs clandestins qui placardent indistinctement sur tous les murs et sur les portes et devantures de boutiques, des affiches faites à la brosse au pinceau, à l'aide de caractères découpés, lesquelles affiches annoncent des demandes de remplaçans militaires, ou indiquent des bureaux de placement où l'on achète et dégage les reconnaissances du Mont-de-Piété.

Ce fait n'est pas explicitement prévu par les lois et règlemens en vigueur, mais s'il arrive que ces afficheurs en placardent sur des monumens ou édifices publics, ils doivent être arrêtés et conduits chez un commissaire de police; ils sont toujours dans le cas d'être examinés sous les rapports de leurs papiers de sûreté et moyens d'existence.

AMBASSADEURS.

Leur personne comme leur domicile sont inviolables. Cette inviolabilité s'étend à leurs épouses et aux personnes de leur suite.

En cas d'événement dans leurs hôtels, se borner à en faire rapport à l'autorité supérieure, en indiquant les renseignemens recueillis à cet égard. (*Loi du* 13 *ventose an* 11; *circulaire du Préfet de police des* 15 *octobre* 1823, *et* 6 *août* 1825.)

ANIMAUX.

Les animaux malfaisans ou féroces ne peuvent vaguer sur la voie publique, à peine d'amende de simple police. (*Article* 475 *du Code Pénal.*)

On ne peut avoir et élever dans Paris, aucuns

animaux malfaisans. Sont réputés tels : *les porcs, pigeons, lapins, oies, canards, poules* et autres *espèces de volailles*, suivant l'ordonnance de police du 22 juin 1764, remise en vigueur et modifiée par celle du 3 décembre 1829, qui permet d'élever ou nourrir des porcs et autres animaux malfaisans dans les *cours* et *enclos* de Paris, en vertu d'une permission du Préfet de police.

Il est défendu de montrer dans les rues de Paris des animaux malfaisans et autres, tels que des ours, singes, etc., sans être muni d'une permission du Préfet de police. (*Ordonnance de police du* 3 *août* 1828.)

Les singes conduits par de jeunes mendians, la plupart étrangers à la France, doivent fixer particulièrement l'attention des agens, notamment lorsque les conducteurs les font grimper aux étages supérieurs des maisons, parce qu'ils effraient les femmes et les enfans, et qu'il n'est pas sans exemple qu'ils aient dérobé quelque objet.

Tous animaux abandonnés sur la voie publique doivent être conduits chez le commissaire de police du lieu de l'abandon, pour être dirigés ensuite sur la fourrière de la Préfecture de police.

Ceux morts doivent être transportés à la voirie de Montfaucon ou à la ménagerie du Jardin-des-Plantes, pour la nourriture des animaux. (*Décision du Préfet de police, du* 18 *juin* 1806.)

Les animaux morts par suite de maladies contagieuses, doivent être enfouis à trois mètres de profondeur du sol, à la diligence du commissaire de police du quartier où ils sont morts. (*Ordonnance de police du* 16 *avril* 1825.) Voir *Bestiaux*.

APPUIS.

Tablettes de pierre ou de bois placées en saillie dans les baies de fenêtres ou de boutiques; il faut une permission du Préfet de police pour en établir. Ceux des fenêtres ne doivent porter que huit centimètres de saillie, et ceux des boutiques seize centimètres. (*Ordonnance du Roi, du* 24 *décembre* 1823.)

Il n'y a pas lieu à faire rapport au sujet d'établissement d'appuis de croisées de bâtimens neufs, parce qu'ils sont compris dans la permission de construire; mais il faut signaler à la Préfecture de police ceux établis lors de réparations ou de percemens de nouvelles baies.

ARBRES.

La conservation des plantations des boulevarts, places, rues, quinconces, promenades et routes, est confiée à la surveillance de l'autorité.

En conséquence, ceux qui abattent, mutilent, coupent, écorchent des arbres ou en détruisent les greffes, sont passibles de peines correctionnelles. (*Articles* 445 *à* 448 *du Code Pénal.*)

On ne peut attacher des cordes aux arbres pour sécher le linge ou autres objets ; y planter des clous, ni monter dessus, sans commettre une contravention de simple police. (*Ordonnance de police des* 2 *août* 1774, 19 *février* 1790 *et* 8 *août* 1829.)

ARMES A FEU.

Défense d'en tirer le jour ou la nuit, à Paris, sur la voie publique, dans les maisons, cours, jardins, enclos et promenades publiques. (*Ordonnance de police, du* 28 *octobre* 1815.) Voir *Brocanteurs*.

ARMES PROHIBÉES.

Les armes dont la vente, le débit, l'achat, le port et l'usage sont défendus, sous des peines correctionnelles, sont : les poignards, stilets, tromblons, couteaux en forme de poignards, soit de poche, soit de table, les baïonnettes, pistolets de poche, épées en cannes, bâtons à ferremens.

Sont encore prohibés le débit, l'achat et le port de toutes armes, bâtons et parapluies garnis d'armatures en fer, acier ou plomb, pouvant servir d'armes offensives, pénétrantes, tranchantes ou contondantes; et enfin de toutes armes offensives, dangereuses, cachées ou secrètes. (*Article* 314 *du Code Pénal, et Ordonnance de police du* 1er *août* 1820.)

ARRESTATIONS.

Tracer les nombreux cas et les distinctions qu'il faudrait suivre pour chacun, ce serait fort difficile. Néanmoins, il existe des principes généraux desquels on ne doit pas s'écarter, sans risquer de se compromettre; en voici quelques-uns :

Dans le cas de flagrant délit, tout individu inculpé d'être auteur d'un crime ou d'un délit sur la voie publique, doit être arrêté pour être *immédiatement* conduit chez le commissaire de police du quartier du lieu du crime ou délit. Le plaignant doit être invité à s'y rendre également; les noms des témoins du fait, s'il en existe, doivent être recueillis pour être appelés au besoin.

Ce n'est point la conduite d'un individu chez un commissaire de police, quand même il serait reconnu non coupable, qui caractérise un acte illégal, c'est sa détention plus ou moins prolongée dans un corps-de-garde, qui peut seule lui donner droit de se plaindre, parce que, lors de sa tradition devant le commissaire, il n'est pas, à proprement parler, en état d'arrestation.

Les ivrognes, les tapageurs qui troublent l'ordre public, doivent être aussi conduits au bureau de police.

Quant aux personnes domiciliées, s'agirait-il d'un crime ou délit flagrant, commis dans leur domicile, elles ne peuvent être saisies *chez elles*, sans l'assistance d'un commissaire de police, ou d'un mandat émané d'une autorité compétente. (*Préfet de police*, *Procureur du Roi et ses auxiliaires*, *Juges d'instructi*[illegible])

Il n'en est pas de même d'un individu inculpé ou poursuivi par la clameur publique, qui se réfugierait dans un lieu public, tel qu'un cabaret, un café, etc., il peut y être arrêté par les agens de l'autorité, parce que, dans ce cas, il ne peut y avoir violation de domicile. Cependant, en cas d'opposition du chef de maison, il est toujours prudent de ne pas passer outre, mais seulement de faire garder les issues de la maison investie, par ses collègues, ou par la force armée, de requérir la présence d'un commissaire de police du quartier, et, à son défaut, de tous autres les plus à proximité.

Il est important, lors d'arrestation de cette espèce, de fouiller sur-le-champ et avec soin les inculpés, pour saisir et mettre à la disposition de l'officier de police judiciaire chargé de l'instruction, les armes, instrumens et tous objets dont ils seraient porteurs, afin de leur ôter les moyens d'en faire usage, ou de les distraire si c'était des pièces de conviction. Il est indispensable aussi que les agens accompagnent les inculpés, ou se rendent de suite au bureau de police du quartier, pour y faire les déclarations requises, ou donner des renseignemens.

Si les inculpés ne peuvent être conduits immédiatement chez un commissaire de police, on doit inviter, par écrit, le chef du poste chargé de leur garde, de ne les laisser communiquer avec personne. (*Voir* les formules à la fin de ce recueil.)

ARROSEMENT.

Chaque année, pendant la saison des chaleurs, le Préfet de police rend une ordonnance qui oblige les habitans de Paris à arroser la voie publique au devant de leurs maisons, boutiques, cours, jardins et autres emplacemens;

cet arrosement doit se faire immédiatement après le passage des porte-sonnettes de chaque quartier, qui doivent parcourir les rues deux fois par jour, à dix heures du matin et à deux heures de relevée.

On ne doit point se servir, pour l'arrosement, des eaux stagnantes des ruisseaux, parce que les gaz fétides qui s'en exhaleraient seraient nuisibles à la santé publique.

Les agens doivent dresser des rapports de contraventions contre les habitans qui ne se conformeraient pas aux dispositions relatées plus haut, et signaler les récalcitrans au commissaire de police du quartier, pour qu'il puisse faire arroser d'office, s'il y a lieu, aux frais des contrevenans.

ARROSEMENT A LA CHARGE DE LA VILLE.

L'entrepreneur du nettoiement est tenu d'arroser tous les jours, pendant les chaleurs, les ponts, boulevards, places publiques, etc., désignés au cahier des charges de l'entreprise. (*Article* 29.)

L'arrosement doit se faire habituellement de huit heures du matin à midi, et de deux heures à six heures du soir. (*Id., art.* 32.)

Il doit avoir lieu à pleine canelle, de manière que la surface du sol soit suffisamment mouillée sans former de la boue.

Les conducteurs de tonneaux doivent être au moins âgés de dix-huit ans. (*Id., art.* 36.)

Les infractions aux dispositions ci-dessus doivent être constatées par des rapports, pour qu'il soit fait à l'entrepreneur les retenues spécifiées par l'article 46 du cahier des charges, dont l'exécution a commencé le 1er novembre 1831, et finira le 31 octobre 1840 inclus.

ARTIFICE.

Aucune espèce de pièces d'artifice ne peut être tirée, sans une permission du Préfet de police, à Paris, dans les maisons, cours, jardins, enclos, et sur toute partie de la voie publique, à peine d'amende de simple police, sans préjudice des poursuites correctionnelles, s'il en était résulté des blessures ou la mort. (*Ordonnance de police des* 28 *octobre* 1815, *et* 8 *août* 1829; *articles* 319, 320 *et* 417 *du Code Pénal.*)

Il est défendu aux marchands épiciers, fruitiers et autres, à l'exception des artificiers, de vendre aucune pièce d'artifice.

Les artificiers doivent tenir un registre côté et paraphé, par le commissaire de police de leur quartier, pour faire l'inscription des noms et demeure des personnes auxquelles ils vendent des pièces d'artifice. (*Ordonnance de police, du 3 février 1821.*)

ASILE.

La maison de toute personne est un asile inviolable, pendant la nuit, hors les cas d'incendie, d'inondation ou de réclamation de l'intérieur de la maison.

Pendant le jour, on peut y entrer pour un objet spécial déterminé par une loi, ou par un ordre émané de l'autorité publique. (*Acte constitutionnel du 22 frimaire an 8.*)

Le tems de nuit est fixé, savoir : depuis le 1er octobre jusqu'au 31 mars, avant six heures du matin et après six heures du soir ; et depuis le 1er avril jusqu'au 30 septembre, avant quatre heures du matin, et après neuf heures du soir. (*Décret, du 4 août* 1806.)

Lors des rondes, tous les individus trouvés réfugiés, pendant la nuit, dans les bateaux, dans les bâtimens en construction ou en démolition, dans les terrains vagues, et couchés sur la voie publique, doivent être arrêtés et mis à la disposition du commissaire de police du quartier où ils sont trouvés, pour être examinés sous les rapports de leurs domicile et moyens d'existence.

ASSASSINATS.

L'homicide commis volontairement et avec préméditation ou de guet-apens, est un assassinat. (*Art.* 296 *du Code Pénal.*)

Lors d'un crime de cette nature, s'il y a possibilité de faire arrêter l'inculpé, le conduire immédiatement sous bonne et sûre escorte, au bureau de police du quartier, après l'avoir fouillé. (Voir *Arrestation.*)

Si la victime est dangereusement blessée, requérir le médecin le plus à proximité, pour, dans l'intérêt de l'humanité, lui administrer préalablement les secours que réclamerait son état, en attendant l'arrivée du commissaire de police que l'on a dû prévenir.

ATTROUPEMENS.

Tous attroupemens ou rassemblemens tumultueux, armés ou non armés, doivent être dissipés par les officiers de police judiciaire ou administrative. La force des armes ne doit être employée qu'après trois sommations faites par ces officiers; chaque sommation doit être faite à haute et intelligible voix, et précédée d'un roulement de tambour ou son de trompe. (*Loi du* 10 *avril* 1831.)

Les agens doivent, dans ce cas, se borner à en donner avis au commissaire de police du quartier, sur-le-champ, ainsi qu'à la Préfecture de police; ils doivent diriger leur surveillance de manière à saisir les individus qui leur seraient désignés comme auteurs ou complices du trouble, et attendre l'arrivée, sur les lieux, des officiers de police mentionnés d'autre part.

ATTENTATS AUX MOEURS.

L'outrage public à la pudeur signifie outrage à la décence publique; ainsi la copulation d'un homme avec une femme sur la voie publique, le jour, comme la nuit, est un outrage public à la pudeur. (*Art.* 330 *du Code Pénal.*)

Tous individus commettant un pareil délit, doivent être arrêtés et mis à la disposition du commissaire de police du quartier où a été commis le délit.

ATTENTATS A LA SURETÉ DE L'ÉTAT.

L'attentat ou le complot contre la personne

du Roi, est un crime de lèze-majesté, et puni comme le parricide. (*Art.* 86 *du Code Pénal.*)

L'attentat commis contre les membres de la famille royale, est puni de mort. (*Art.* 87 *idem.*)

La non-révélation de tous crimes pouvant compromettre la sûreté intérieure ou extérieure de l'État, est un crime ou délit suivant les circonstances. (*Art.* 103 *du même Code.*)

ATTRIBUTS.

« Les marchands, fabricans, artisans et autres, ne peuvent établir en saillie sur les murs de face des maisons qu'ils occupent, et autres, des attributs de leurs professions, sans être préalablement munis d'une permission du Préfet de police. Leurs saillies ne doivent pas excéder seize centimètres (*environ six pouces*), suivant *l'ordonnance du Roi, du* 24 *décembre* 1823).

Les peintures effectuées sur les murs, ne sont assujéties à aucune formalité. Elles doivent seulement fixer l'attention de la police, lorsqu'elles représentent des sujets ou emblèmes pouvant exciter à la haine contre le Gouvernement et les autorités, et lorsqu'elles sont contraires à la morale et aux mœurs publiques. »

Dans l'un comme dans l'autre cas, on doit se borner à en rendre compte à la Préfecture de police et au commissaire de police du quartier.

AUVENTS.

Ceux que l'on construit actuellement ne peuvent avoir plus de quatre-vingts centimètres de saillie, quelle que soit la largeur des rues. On ne peut construire d'auvents en plâtre au-dessus des boutiques; ils ne peuvent l'être qu'en bois, avec faculté de les revêtir en métal; toute autre manière de les couvrir est prohibée; ceux en plâtre existant actuellement, ne peuvent être réparés. (*Ordonnance du Roi, du 24 décembre* 1823.)

AVARIES.

Toute avarie, tout dommage quelconque, occasioné sur la voie publique par la circulation des voitures de toute espèce, ou chevaux, bêtes de somme et de selle, doit appeler l'attention des agens de l'administration, non pour connaître du fond de la contestation, mais sous le rapport de l'ordre public.

L'auteur du dégât doit être conduit chez le

commissaire de police du quartier, s'il ne satisfait sur-le-champ le réclamant. Cependant s'il arrivait que le dégât fût le résultat d'une contravention, c'est-à-dire, qu'il eut été occasioné, soit par l'abandon d'une voiture ou d'un cheval, soit par la rapidité ou la mauvaise direction d'un attelage quelconque, soit par suite de toute autre inexécution des règlemens, il y aurait lieu à contraindre le contrevenant de se présenter au bureau de police, pour que le commissaire pût en connaître seulement sous le rapport de l'infraction aux règlemens, surtout, comme il arrive fréquemment, lorsque le contrevenant n'est pas domicilié dans le ressort de la Préfecture de police.

BACHOTS ou BATELETS. — BACHOTEURS.

L'usage des gondoles, pirogues, chaloupes, sabots et autres petits bateaux de cette espèce est défendu sur la Seine et sur la Marne, dans le ressort de la Préfecture de Police.

On ne peut avoir aucun batelet, sans une permission du Préfet de police; le numéro indiqué par la permission doit être peint à l'huile sur les côtés extérieurs du bateau.

Pour être bachoteur, il faut être âgé de dix-huit ans et être muni d'une permission du Préfet de police. (*Ordonnance de Police, du* 18 *prairial. an* 12.)

Un bachoteur ne peut recevoir dans son bachot plus de seize personnes, lui compris. (*Ordonnance de Police, du* 26 *mars* 1829.) (1)

Il doit être porteur de sa permission et la représenter à toute réquisition légale.

Il est défendu de passer le public sur la Seine et sur la Marne, ailleurs qu'aux endroits accoutumés. (*Ordonnance de police, du* 18 *prairial an* 12.)

Un batelier ne peut être contraint à passer une ou plusieurs personnes au-dessous du nombre six, si elles ne lui assurent la rece..e du droit de passage pour six personnes (30 centimes), suivant l'arrêté du Gouvernement du 11 fructidor an 11.

BAINS ET BAIGNEURS EN RIVIÈRE.

On ne peut se baigner, à Paris, dans la rivière, qu'aux bains couverts;

Il est défendu d'en sortir nu;

Ils doivent être fermés depuis dix heures du soir jusqu'au jour.

---

(1) Les ordonnances annuellement rendues à l'occasion de la fête de Saint-Cloud, ne permettent d'y admettre que douze personnes; mais ce cas est spécial.

Les personnes qui, pour raison de santé ou pour se perfectionner dans l'art de nager, veulent se baigner en pleine rivière, ne peuvent être conduites que par des mariniers pourvus de permission du Préfet de police. Les baigneurs, dans ce cas, doivent être pourvus de caleçons. (Voir l'*Ordonnance publiée chaque année à l'approche de la saison des bains.*)

BALAYAGE.

Les propriétaires ou locataires sont tenus de faire balayer régulièrement, tous les jours, la voie publique au-devant de leurs maisons, boutiques, cours, jardins, et autres emplacemens.

Le balayage se fait jusqu'aux ruisseaux, dans les rues à chaussée fendue.

Dans les rues à chaussée bombée et sur les quais, le balayage se fait jusqu'au milieu de la chaussée.

Dans les rues sans trottoirs et à un ruisseau, les boues et immondices doivent être relevées en tas près des bornes (1).

---

(1) Lorsqu'il y a une devanture de boutique, on tolère le dépôt d'ordures à dix-huit pouces en avant de la dévanture. (*Circulaire du préfet de police, du* 18 *août* 1827.)

Dans les rues à trottoirs, elles doivent être relevées en t le long des ruisseaux du côté de la chaussée.

Nul ne doit pousser les boues et immondices devant les propriétés de ses voisins. (*Ordonnance de Police du 23 novembre 1831, article 1er.*)

Le balayage doit être terminé tous les jours à cinq heures du matin, depuis le 1er octobre jusqu'au 1er avril, et à sept heures depuis le 1er avril jusqu'au 1er octobre.

En cas de négligence, les commissaires de police font balayer d'office. (*Même Ordonance, art.* 2.)

Il est expressément défendu de déposer dans les rues aucunes ordures, immondices, pailles, et résidus quelconques de ménage.

Ces objets doivent être portés directement des maisons aux voitures du nettoiement, et remis aux desservans de ces voitures au moment de leur passage annoncé par une clochette.

Toutefois, les habitans des maisons qui n'ont ni cour, ni porte cochère, peuvent déposer les ordures, pailles et résidus ménagers, d'une heure à huit heures du matin, depuis le 1er octobre jusqu'au 1er avril, et de une heure à sept heures du matin, depuis le 1er avril jusqu'au 1er octobre.

Ces dépôts doivent être faits sur les points de la voie publique, désignés par l'article 1er de l'ordonnance susmentionnée. (*Idem*, *art.* 4.)

Il est généralement défendu de déposer sur la voie publique les verres, les bouteilles cassées, les morceaux de glaces, de poterie, de faïence et tous autres objets de même nature, pouvant occasioner des accidens.

Ces objets devront être directement portés aux voitures du nettoiement, et remis aux desservans de ces voitures. (*Idem*, *art.* 6.)

Ceux qui transportent des terres, sables, gravois, fumier et autres objets, doivent charger leurs voitures de manière que rien ne s'en échappe, ni se répande sur la voie publique.

Le nettoiement des rues ou parties des rues salies par les voitures en surcharge, doit être opéré d'office par les soins des commissaires de police, aux frais des contrevenans. (*Idem*, 9 *et* 10.)

Lorsque le pavé public a été *rélevé à bout*, il faut enjoindre aux habitans de ne pas le balayer pendant environ quinze jours, afin de ne point enlever la couche de sable existant à la superficie. (*Circulaire du Préfet de police*, *du* 3 *mai* 1817.)

En reconnaissant des contraventions relatives au balayage, les agens devront donner, sur l'état du pavé, des renseignemens qui prouveraient que le balayage n'a pas été fait; par exemple, que l'on a remarqué auprès des murs, dans les endroits qui n'avaient pu être atteints par les voitures, que le sol était aussi mal propre que celui du reste du pavé; qu'il y avait une grande différence de propreté entre cette partie de la voie publique et celles situées au-devant des maisons voisines qui avaient été balayées.

BALAYAGE A LA CHARGE DE LA VILLE.

Le balayage ordinaire à la charge de la ville comprend les places publiques, les traverses et escaliers des boulevarts, les ponts et les quais de la Seine, les quais et les ponts du canal Saint-Martin, les ports, descentes d'abreuvoir, escaliers de descente à la rivière, les cagnards, les ruisseaux aboutissant aux égouts, les abords intérieurs et extérieurs des barrières.

Ce balayage comprend aussi les halles et marchés qui sont la propriété de la ville, ainsi que les rues et parties de rues environnantes sur lesquelles les marchands qui les approvisionnent sont autorisés à stationner.

Les escaliers de descente à la rivière doivent toujours être lavés après le balayage.

Le balayage de ces différens points est fait

les jours indiqués au tableau annexé au cahier des charges de l'entrepreneur du nettoiement, dont l'exécution a commencé le 1er novembre 1831, et finira le 31 octobre 1840 inclus.

L'entrepreneur est tenu de terminer le balayage tous les jours à dix heures du matin, pendant les mois d'avril, mai, juin, juillet, août, septembre et octobre; et à onze heures du matin, pendant les cinq autres mois. (*Cahier des charges*, *art.* 3.)

Après les crues de la rivière, il est également tenu de faire balayer, relever en tas et enlever immédiatement les vases qu'elle a laissées sur les ports et berges de la Seine, et dans les rues voisines. (*Idem*, *art.* 5.)

Toutes les infractions aux dispositions énoncées précédemment, doivent être constatées par des rapports ou procès-verbaux, et donnent lieu, envers l'entrepreneur, à des retenues spécifiées par l'article 36 dudit cahier des charges.

BALCONS (PETITS).

Ils ne peuvent être placés qu'en vertu d'une permission du Préfet de police; leur saillie ne peut excéder 22 centimètres, y compris l'appui des croisées. (*Ordonnance du Roi*, *du* 24 *décembre* 1823.)

BALUSTRES.

Ce sont des barres de fer coudées et saillantes existant aux fenêtres, pour le placement desquelles il faut une permission du Préfet de police. (*Ordonnance précitée.*)

BALS PUBLICS.

On ne peut ouvrir aucun bal public, à Paris, et dans les communes du ressort de la Préfecture de police, sans une permission du Préfet de police ; à Paris, ils doivent être clos et fermés à onze heures du soir en tout tems, à moins d'une permission spéciale pour les prolonger dans la nuit.

Nul ne doit y entrer avec bâtons, cannes, armes, ni éperons.

Les tenuers de bals doivent se pourvoir d'une garde suffisante pour le maintien du bon ordre, tant à l'intérieur qu'à l'extérieur.

Toute contravention à ces dispositions constatées par un rapport, entraîne des peines de simple police. (*Ordonnance de Police du* 30 *novembre* 1830.)

Les agens qui ont la surveillance des bals, doivent veiller à ce qu'on n'y exécute aucune danse indécente, telle que la *chahut*, le *cancan*, etc.; si, après avoir été invités à cesser, ceux qui se livrent à ces sortes de danses n'en tiennent aucun compte, ils doivent être conduits devant le commissaire de police du quartier, afin que les faits soient constatés, parce qu'ils constituent un délit prévu par l'art. 330 du Code Pénal, (*l'Attentat aux mœurs*).

Par jugement du tribunal correctionnel de Paris, en date du 20 septembre 1826, un nommé Kreitz a été condamné à trois mois de prison pour avoir dansé la *chahut* dans une guinguette de la barrière du Maine.

BALANCES.

Les marchands qui font usage de balances, doivent les suspendre; savoir : celles pour les grosses pesées à douze centimètres au moins du sol de la boutique ou des magasins; les balances ordinaires à quatre centimètres du comptoir; celles d'une moindre portée, dites à *quarteronner*, à deux centimètres, et celles enfin de la plus petite dimension, à un centimètre.

Il est entendu que les distances déterminées précédemment, sont les balances étant en repos, et non un des plateaux descendu, ce qui diminuerait les distances de moitié.

On ne peut placer sous les balances des supports qui gêneraient la liberté de leurs mouvemens. (*Ordonnance de police, du 12 avril 1831.*)

Les débitans de sel et de tabac ne peuvent se servir de balances en cuivre; ils ne doivent faire usage que de balances de fer-blanc ou battu. (*Ordonnance de police, du 17 juillet 1816.*)

BANCS.

On n'en peut construire qu'en pierre sur la voie publique, et seulement dans les rues de dix mètres de largeur et au-dessus; leur saillie ne doit pas dépasser l'alignement de la base des bornes qui les avoisinent. (*Ordonnance du Roi, du 24 décembre 1823.*)

BANNES.

Il faut une permission du Préfet de police, pour en établir sur la voie publique, leur saillie ne peut excéder un mètre cinquante centimètres; elles doivent être en toile ou en coutil, et ne peuvent être établies sur châssis.

La hauteur au-dessus du sol, dans la partie la plus basse de la banne, doit être de trois mètres; de manière à ne pas gêner la circulation; les supports doivent être horisontaux; les bannes ne peuvent avoir de joues qu'autant que les localités le permettent. (*Ordonnance du Roi, du 24 décembre 1823.*)

Les bannes ne doivent être mises en place que lorsque le soleil donne sur les boutiques ; elles doivent être ôtées dès que les boutiques ne sont plus exposées aux rayons du soleil.

Néanmoins, celles placées aux boutiques des quais, places et boulevards, peuvent être conservées toute la journée, s'il est reconnu qu'elles ne gênent pas la circulation. (*Ordonnance de police*, *du* 9 *juin* 1824.)

Lorsqu'il existe un trottoir, la hauteur des bannes se mesure de la superficie du sol du trottoir. (*Ordonnance de police du* 8 *août* 1829.)

BARRES SUR LES DEVANTURES DE BOUTIQUES.

Aux termes de l'ordonnance du Roi, du 24 décembre 1823, il ne doit pas subsister de barres sur les devantures de boutiques *déjà saillantes*, parce qu'elles formeraient saillie sur saillie, mais elles peuvent être remplacées par un grillage en fer maillé appliqué sur les vitres, pour les garantir de l'atteinte des passans. (*Circulaire du Préfet de police*, *du* 12 *avril* 1825.)

Aux termes d'une autre circulaire du 31 mai suivant, ces barres peuvent être tolérées, pourvu qu'elles soient appliquées sur les devantures, de manière qu'elles ne forment pas plus d'un pouce de saillie, à compter du nu de la devanture.

BARRES DE SUPPORT AUX CROISÉES.

Il faut une permission du Préfet de police pour en placer; leur saillie est de huit centimètres. (*Ordonnance du Roi, du* 24 *décembre* 1823.)

BARRIÈRES POUR TRAVAUX.

Il doit être établi des barrières au-devant de toute maison en construction ou en démolition, après permission préalable; elles doivent être établies en planches jointives, et avoir au moins trois mètres de hauteur.

Ces barrières doivent être éclairées pendant la nuit, par des appliques placées à chaque angle, de manière à éclairer les parties en retour; l'Heure de leur allumage est la même que celle des lanternes publiques. (*Ordonnance de police, du* 8 *août* 1829.)

Hors le cas de construction ou démolition, il ne peut être établi de barrière fixe au-devant des maisons, à moins que ce ne soit pour raison de salubrité, mais toujours après permission du Préfet de police.

BARRIÈRES DE PARIS.

Il est expressément défendu à tous conducteurs de voitures publiques, de carrosses, de cabriolets de place ou de maître et autres de quelque espèce que ce soit, de passer aux barrières de Paris, autrement qu'au pas. (*Ordonnance de police, du 9 juillet* 1827.)

L'entrée et la sortie par la barrière de l'Etoile, sont expressément interdites à toutes voitures publiques, dites diligences ou messageries.

Sont exceptées de cette disposition les voitures publiques connues sous la dénomination de *voitures des environs de Paris.* (*Ordonnance de Police, du 26 février* 1830.)

BATARDEAUX.

Ceux qui détruisent les batardeaux établis dans les rues et chemins lorsque l'on travaille au pavé, sont passibles d'amende de simple police. (*Ordonnance des trésoriers de France,* 17 *août* 1774.) Voir : *Dégradations.*

BATELEURS. (*Voir* SALTIMBANQUES)

BATIMENS.

Les agens de l'administration doivent signaler à la Préfecture de police, les parties des bâtimens en péril, tels qu'entablemens, souches de cheminées, crevassées ou lézardées; les murs de face bombés ou en surplomb de toute leur épaisseur, ou dont les plâtres se détacheraient, de manière à blesser les passans par leur chute.

BESTIAUX.

Il est défendu de vendre et d'exposer en vente sur les marchés et partout ailleurs, des chevaux, mulets et autres animaux atteints ou soupçonnés de maladies contagieuses. (*Ordonnance de police, du* 17 *février* 1831.)

Tout propriétaire ou détenteur de bestiaux, dont une ou plusieurs bêtes se trouvent malades, ou suspectées de maladies contagieuses, doit en faire sa déclaration sur-le-champ au maire de sa commune, ou au commissaire de police de son domicile, sous peine de poursuites judiciaires en cas d'infraction. (*Art.* 459 *du Code Pénal.*)

Quiconque a tué sans nécessité un animal domestique dans un lieu dont celui à qui l'animal appartient, est propriétaire, locataire ou fermier, est puni d'emprisonnement. (*Art.* 454 *du même Code.*)

BIÈVRE (rivière de).

Cette petite rivière qui prend sa source à 4 lieues sud-ouest de Paris, traverse le faubourg Saint-Marceau, et va se jeter dans la Seine, entre le pont d'Austerlitz et la barrière de la Gare.

Les prises d'eau, les saignées et les ouvertures faites, sans titre légal, aux berges de la rivière de Bièvre, sont défendues.

Il est également fait défense de jeter dans cette rivière, des matières fécales, de la paille, du fumier, des gravois, des bouteilles cassées et autres immondices, qui peuvent en obstruer le cours, corrompre les eaux, ou blesser ceux qui en font le curage.

On ne peut y placer des tonneaux de blanchisseurs, sans une permission du Préfet de police; ces tonneaux doivent être numérotés et porter sur une plaque les noms des détenteurs. (*Ordonnance de police*, *du* 19 *messidor an* 9.)

BILLARDS PUBLICS.

Il faut une permission du Préfet de police pour monter un ou plusieurs billards publics.

Tout maître de billard est tenu de placer à l'extérieur de son établissement, une inscription portant: *Billard public*. (*Ordonnance de police*, *du* 6 *novembre* 1812.)

Ces établisemens doivent être fermés en tous tems, à Paris, à 11 heures du soir; on ne doit pas y donner à jouer après cette heure, à peine d'amende de simple police. (*Ordonnance de Police du* 3 *avril* 1819.)

BLANCHISSEUSES.

Il est défendu de laver du linge à la rivière, ailleurs que dans les bateaux à lessive. Les blanchisseuses peuvent laver aux endroits indiqués par l'inspecteur-général de la navigation et des ports, à la charge de se servir de planches sur roulettes, qui peuvent s'avancer et se reculer à volonté. (*Ordonnance du Préfet de police du 26 mars 1829.*)

BLESSURES.

Tout blessé sur la voie publique doit être transporté sur-le-champ au corps-de-garde le plus voisin, où un homme de l'art doit être appelé, à moins que le blessé ne veuille être transporté chez lui.

Dans tous les cas, recueillir ses noms, profession et demeure, ainsi que des informations sur les causes et circonstances des blessures, et adresser du tout un rapport au commissaire de police du quartier où le fait s'est passé, ainsi qu'à la Préfecture de police.

Que les blessures aient été volontaires ou involontaires, si l'auteur est présent, il doit être conduit, accompagné du rapport, chez le même commissaire de police, où le blessé doit également se rendre, si faire se peut. (Voir *Assassinats, boîtes à secours.*)

BOIS DE CHAUFFAGE.

Il est défendu de vendre et colporter dans les rues de Paris, aucune espèce de bois de chauffage, spécialement aucune falourde, cotret ou margotin, à peine de confiscation et d'amende. *(Ordonnance de Police, du 27 octobre 1824.)*

Si le bois colporté n'a pas les dimensions prescrites par les règlemens, au lieu d'être une simple contravention, c'est un délit de police correctionnelle. *(Article 423 du Code Pénal.)*

Voici les dimensions :

Les falourdes de perches doivent porter 1 mètre 14 centimètres (3 pieds et demi) de longueur sur un mètre de circonférence.

Les fagots de bois taillis doivent avoir la même longueur, sur cinquante centimètres de circonférence, être garnis de leurs paremens et remplis en dedans de bois et non de feuilles.

Les cotrets doivent porter 66 centimètres de longueur sur cinquante de circonférence. *(Ordonnance de police, des 29 septembre 1784 et 27 octobre 1824.)*

Dans tous les cas, le contrevenant doit toujours être conduit, avec sa marchandise, au bureau de police du quartier, pour le bois être séquestré et dirigé ensuite sur l'île Louviers. *(Circulaire du Préfet de police, du 15 juillet 1818.)*

Le bois de chauffage et autres, ne peut être déchargé ni scié sur la voie publique, lorsqu'il existe une cour dans la maison pour laquelle il est destiné. Il est aussi défendu d'en fendre, sur la voie publique, parce que non seulement cela occasione des dégradations au pavé de la ville, mais qu'il peut en résulter des accidens pour les passans. (*Ordonnance de Police, du 8 août* 1829.)

BOIS DE CONSTRUCTION.

L'Administration de la police ne permet pas, sur la voie publique, de dépôt de bois pour l'œuvrer. (*Lettre du Préfet, du* 10 *juin* 1824.)

Les marchands de bois à œuvrer, doivent avoir, à la porte extérieure de leurs chantiers, un tableau indiquant leurs noms et leur profession. (*Ordonnance de police, du* 12 *septembre* 1816.)

Le tirage dans la rivière et le transport des bois de toute espèce, sont permis les dimanches et fêtes, lorsqu'il est reconnu que ces bois sont en péril. (*Circulaire du Préfet de police, du* 24 *mai* 1816.)

Le conducteur d'une voiture chargée de bois à œuvrer, qui entre dans Paris, doit être muni d'un bulletin énonçant la quantité de pièces qu'il conduit, leurs qualité, quantité et dimensions, le nom du propriétaire du chantier et leur destination. (*Ordonnance de police, du 12 septembre 1816.*)

BOITES A LETTRES.

Les personnes qui font usage de boîtes pour recevoir leurs journaux ou autres paquets, doivent masquer leurs ouvertures, par une planchette mobile à coulisses, de manière que les étrangers arrivant à Paris ne puissent confondre ces boites privées, avec celles de l'administration des postes. (*Circulaire du Préfet de police, du 7 août* 1829.)

BOITES A SECOURS.

Il existe à Paris et dans la banlieue, des boîtes et armoires contenant des médicamens et ustensiles propres à secourir les asphixiés ou blessés.

Les lieux où ces objets sont déposés à Paris, sont :

Rive droite de la Seine.

Bureau des arrivages par eau, à la Rapée.

Poste de la rue Traversière, près le pont d'Austerlitz.

Poste de l'Ile-Louvier.

Poste du Port Saint-Paul.

Poste de la cloche du Port au blé.

Bateau à lessive, près le Pont-au-Change.

A la Préfecture de police.

Poste du quai de l'École.

Poste du port Saint-Nicolas.

Pompe à feu de Chaillot.

Poste de la Halle aux draps, marché des Innocens.

Poste du Château-d'Eau, place du Palais-Royal.

Baraque du pont de la rue Grange-aux-Belles, sur la ligne du canal Saint-Martin.

Baraque du pont d'Angoulême, sur le même canal.

Rive gauche de la Seine.

Barrière de la Gare.

Maison *Léger*, port de l'Hôpital.

Poste de la Tournelle.

Poste de la Halle-aux-Vins.

Poste de l'Ile-Saint-Louis.

École de Natation, quai de Béthune (Ile-Saint-Louis.)

Poste de la place Maubert.

Poste de la place Dauphine.

Poste des Saints-Pères.

École de Natation, quai d'Orsay.

Baraque de madame *Gex*, quai des Invalides.

Bureau du commissaire de police du quartier des Invalides.

Bureau des arrivages par eau, patache *d'aval.*

Il est à remarquer que, pour que les secours aient de l'efficacité, ils doivent toujours être administrés par un homme de l'art qu'il faut s'empresser de trouver, afin qu'il puisse agir, en attendant l'arrivée du commissaire de police du quartier, qui doit aussi être prévenu.

BOISSONS.

Il est défendu de vendre et débiter sur la voie publique, des boissons, telles que vin, eau-de-vie, cidre, bière, etc. (*Arrêté de Police, du 7 floréal an 11.*)

Les contrevenans peuvent êtres poursuivis comme embarrassant la voie publique, et les boissons saisies, sans préjudice d'autres poursuites, pour infraction aux lois sur le débit des boissons, si elles étaient falsifiées, ou contenaient des mixtions nuisibles à la santé. (*Articles* 318 *et* 475 *du Code Pénal.*)

Les distributeurs de limonade, tisane et autres boissons à la glace, sont tolérés, pendant la saison des chaleurs, sur les points de la voie publique où ils ne gênent point la circulation. (*Circulaire du Préfet de police, du* 27 *mai* 1828.)

BORNES.

Il faut une permission du Préfet de police, pour placer au-devant des maisons de Paris, des bornes adhérentes ou isolées ; leur saillie est fixée à cinquante centimètres pour les rues au-dessous de dix mètres de largeur, et à quatre-vingts centimètres, pour celles au-dessus de dix mètres. (*Ordonnance du Roi, du 24 décembre* 1823.)

BORNES-FONTAINES.

Dans l'intérêt de la salubrité, l'écoulement des bornes-fontaines a lieu, en été, de six à sept heures du matin, de midi à deux heures, et de cinq à sept heures du soir ; et en hiver, de sept à huit heures du matin, et de midi à deux heures de relevée.

Dans le cas où ce service ne serait pas fait avec exactitude, les agens doivent en rendre compte à leurs chefs.

Ces bornes ne doivent être ouvertes avec les clés déposées chez les commissaires de police, que pour procurer des secours en cas d'incendie. (*Circulaire du Préfet de police, du 7 mai* 1830)

Les poteaux d'arrosement existant sur toute la ligne des boulevarts intérieurs, dont les clés sont également déposées chez les commissaires de de police, ne doivent aussi être ouverts, hors le cas d'arrosement, que pour les incendies. (*Circulaire du Préfet de police, en date du 7 mai* 1830.)

BOUCHERS.

Les bouchers ne peuvent former aucun étalage extérieur de viandes au-devant de leurs étaux.

Tous crochets, tringles, planches et autres saillies, servant aux étalages extérieurs des bouchers, sont prohibées. (*Ordonnance du Roi, du* 24 *décembre* 1823.)

BOUCHONS DE CABARETS.

On ne peut en placer, sans une permission du Préfet de police. (Voir *Enseignes*, *Saillies*.)

BOULANGERS.

Les boulangers doivent avoir contamment leurs boutiques garnies de pain. (*Règlement du* 21 *novembre* 1577.)

Leurs balances doivent être en évidence sur leurs comptoirs, pour peser le pain aux acheteurs, s'ils l'exigent; le pain doit être empreint du numéro de la boulangerie; la taxe du pain doit être affichée dans un cadre placé à l'extérieur de leurs boutiques. (Voir, l'*Ordonnance de police, rendue chaque quinzaine, pour la taxe périodique du pain.*)

La vente du pain ne peut avoir lieu qu'en boutique et sur les marchés à ce affectés.

Il est défendu d'en vendre et d'en colporter dans les rues, d'en former des dépôts en quelque lieu que ce soit, pour en vendre au regrat, à peine de confiscation du pain et de poursuites devant le tribunal de simple police. *(Ordonnance du Roi, du 24 février* 1815.)

Les garçons boulangers ne doivent pas se montrer dans les rues, sans être vêtus d'un pantalon et d'un gilet à manches. *(Circulaire du Préfet de police, du 24 août* 1824.*)*

BOULEVARTS INTÉRIEURS.

Les contre-allées des boulevarts étant des promenades publiques, on ne peut y former aucun dépôt de matériaux, y passer à cheval et en voiture, ni avec aucune bête de somme et charrette à bras. (*Ordonnance de Police, des* 19 *février* 1790 *et* 8 *août* 1829.*)*

Toute les saillies d'enseigne et autres sont assujéties aux droits et permissions, comme celle des rues, places, etc.

Aucune barrière ne peut être établie au-devant des propriétés bordant les contre-allées des boulevarts, que pour raison de salubrité et avec permission préalable.

Ces barrières ne doivent avoir qu'un mètre 50 centimètres de saillie. *(Ordonnance de Police, du 26 août 1816.)*

Toutes celles existantes antérieurement à cette ordonnance, ne peuvent être réparées et doivent être supprimées dès qu'elles sont sujettes à réparations.

On ne peut faire aucun dépôt ou établissement dans l'enceinte desdits barrières, sans une autorisation spéciale. (*Ordonnance précitée.*)

BOULEVARTS EXTÉRIEURS.

Les boulevarts qui bordent une partie de l'extérieur des murs d'enceinte de Paris, sont compris dans l'étendue de la juridiction de Paris. *(Lettres patentes des 27 juillet et 19 novembre 1790.)*

On ne peut y former aucun dépôt de matériaux, fumier, terres, gravois, etc., sans une permission du Préfet de police.

Il est défendu d'y lever du gazon, d'en combler les fossés, de passer dans les contre-allées à cheval ou en voiture, même avec des voitures à bras, d'y faire pâturer des bestiaux et notamment des chèvres, attendu que ces dernières broutent les branches des arbres et font périr les jeunes plantations. *(Ordonnance de Police, des 19 février 1790 et 8 août 1829.)*

Il ne doit être formé sur la partie du boulevart extérieur située entre la barrière de la Rapée et celle de Bercy, aucun dépôt de fûts et futailles.

Cette défense est rappelée par des inscriptions existant sur des poteaux placés *ad hoc* à chaque extrémité dudit boulevart. *(Ordonnance de Police, du 11 février 1822.)*

BOUQUINISTES—ÉTALAGISTES.

On ne peut former sur aucune partie de la voie publique, des étalages de livres neufs ou vieux, sans une autorisation délivrée par le Ministre de l'intérieur. (*Circulaire du Préfet de police, du* 28 *novembre* 1823.)

Il est défendu aux bouquinistes d'acheter aucuns livres des écoliers mineurs, ainsi que d'inconnus, sans le consentement par écrit des parens, ou la représentation de répondans connus.

Il doivent être pourvus de registres timbrés, paraphés par les commissaires de police, pour l'achat de leurs livres d'occasion; ces registres doivent être visés tous les mois dans les bureaux de police des quartiers des marchands. *(Ordonnance de Police, du 19 septembre 1829.)*

BOURSE DE COMMERCE.

Il est défendu de s'assembler ailleurs qu'à la Bourse et à d'autres heures qu'à celles fixées par les règlemens de police, pour proposer et faire des négociations de marchandises et effets publics. (*Loi du 27 prairial an X.*)

Ceux qui, par des moyens frauduleux quelconques, opèrent la hausse ou la baisse des papiers ou effets publics, sont passibles de poursuites correctionnelles.

Les paris faits sur la hausse ou sur la baisse des effets publics sont également défendus. (*Articles 419 et 421 du Code Pénal.*)

BOUTIQUES (Devantures de).

On ne peut établir de devantures de boutiques, sur la face des maisons de Paris, sans une permission du Préfet de police ; leur saillie, toute espèce d'ornemens compris, ne peut excéder 16 centimètres pris du nu du mur. (*Ordonnance du Roi, du 24 décembre 1823.*)

BRANCARDS.

Il y a un brancard avec ses accessoires, près des bureaux de presque tous les commissaires de police, à Paris, pour le transport des morts et blessés sur la voie publique; on en trouve aussi dans les principaux corps-de-garde.

Il y en a également un dans chaque chef-lieu des douze arrondissemens de Paris, pour les malades indigens.

Toutes les fois que le brancard de la police est déplacé, il doit toujours être accompagné d'un homme de garde ou d'un agent, lequel veille à sa conservation et à sa réintégration au lieu où il a été pris. (*Voir* Boîtes à secours.)

BRASSEURS.

Les brasseurs doivent faire peindre en gros caractères, au-dessus de la porte principale de leur brasserie, leurs noms et lettres initiales de leurs prénoms. (*Ordonnance de Police, du 7 septembre* 1813, *article* 3.)

Il ne peut être employé pour entonner et vendre la bière, dans le ressort de la Préfecture de police, que des tonneaux dits quarts et demi-quarts.

Les quarts doivent contenir *soixante-quinze litres* et les *demi-quarts trente-huit litres* (*Ordonnance de Police, du* 1er *décembre* 1824 *article* 1er.)

Il est défendu aux brasseurs de se servir de tonneaux d'une contenance supérieure et inférieure à celles déterminées par l'article qui précède. (*Même Ordonnance, article* 2.)

Chaque brasseur doit être muni d'une marque particulière qui doit être apposée sur les tonneaux, l'empreinte de cette marque doit être déposée au bureau de la régie des contributions indirectes, aux termes de l'article 24 de la loi des finances, du 28 avril 1816. (*idem, article* 4.)

Les brasseurs qui se servent d'autres tonneaux que ceux mentionnés ci-dessus, sont poursuivis comme faisant usage de mesures non légales. (*Ordonnance de Police, du* 2 *février* 1810 *et paragraphe* 6 *de l'article* 479 *du Code Pénal.*)

BROCANTEURS OU MARCHANDS D'HABITS AMBULANS.

Personne ne peut exercer l'état de brocanteur ou marchand d'habits ambulant, à Paris et dans les communes du ressort de la Préfecture de police, sans s'être fait préalablement inscrire sur les registres de la Préfecture de police.

Les brocanteurs doivent porter ostensiblement une médaille en cuivre indiquant leurs noms et les initiales de leurs prénoms ; celles des domiciliés hors Paris, porte : *Cantons ruraux*.

Ils ne peuvent prêter, vendre ou engager leurs médailles.

Ils doivent être munis d'un registre timbré

pour l'inscription des marchandises qu'ils achètent ou échangent; ces marchandises doivent être portées à découvert, et ne peuvent être étalées sur la voie publique.

Ils doivent être munis de patente ou d'une lettre portant décharge du droit de patente, et d'un certificat de domicile et d'individualité.

Ils doivent être porteurs d'un *bulletin d'inscription* qu'ils sont tenus de faire viser à la Préfecture de police, une fois par an. (*du* 1er *avril au* 30 *juin.*)

Les bulletins d'inscriptions doivent être visés par les commissaires de police des quartiers des brocanteurs, ou par le maire dans les communes rurales où il n'y a pas de commissaire de police.

En cas de changement de demeure, ils en font la déclaration non seulement à la Préfecture de police, mais aussi aux commissaires de police, au maire de leur ancienne ou nouvelle demeure.

Il est enjoint aux brocanteurs d'être toujours munis de leurs bulletins d'inscriptions, patentes et livres timbrés, qu'ils doivent représenter, ainsi que les effets et objets qu'il ont achetés, à toute réquisition des maires, commissaires de police, officiers de paix et agent de la Préfecture.

Ils ne peuvent acheter aux enfans aucun objet quelconque; à moins d'une permission des pères et mères.

Ils ne peuvent acheter aux soldats, des armes, effets et équipemens militaires, ni vendre et acheter des armes prohibées.

Enfin, ils ne peuvent se rassembler à Paris, que sur la place de la Rotonde du Temple, tous les jours de 11 heures du matin à deux heures de relevée. (*Déclaration du* 29 *mars* 1778, *Ordonnance de Police, du* 8 *novembre* 1780 *et* 15 *juin* 1831.) *Voir* Armes prohibées.

BRULOIRS A CAFÉ ET AUTRES DENRÉES.

Il est défendu de brûler du café et autres denrées sur la voie publique, à moins d'une permission spéciale. (*Ordonnance de Police, du* 8 *août* 1829, *et circulaire du Préfet de police, du* 19 *décembre* 1829.)

BRUIT.

Les personnes exerçant des professions à marteaux ou qui occasionent du bruit troublant le repos public, ne peuvent commencer leur travaux avant quatre heures du matin et après neuf heures du soir, du 1er avril au 30 septembre, et avant cinq heures du matin et après neuf heures du soir, du 1er octobre au 31 mars. (*Ordonnance de Police, du* 31 *octobre* 1829.)

BUSTES.

Il ne peut être établi de bustes d'enseignes ou d'étalage, qu'à une saillie de 16 centimètres, et après avoir obtenu préalablement l'autorisation du Préfet de police. (*Ordonnance du Roi, du* 24 *décembre* 1823.)

CABARETS.

A Paris, les cabarets, cafés estaminets, guinguettes et autres lieux publics doivent être fermés pendant toute l'année à onze du soir.

Dans les communes rurales du ressort de la Préfecture de police, lesdits lieux doivent être fermés à onze heures du soir, du 1er avril au 1er octobre, et à dix heures du soir, du 1er octobre au 1er avril. (*Ordonnance de Police, du* 3 *avril* 1819.)

Il est défendu à ceux qui tiennent des lieux publics de recevoir chez eux des filles publiques, vagabonds ou filoux. (*Ordonnance de Police, du* 8 *novembre* 1780.)

CABRIOLETS DE PLACE POUR L'INTÉRIEUR.

Les cabriolets de place doivent être numérotés uniformément sur la caisse ; ce numéro doit être répété sur une plaque en fer battu fixée à l'intérieur de la caisse et à l'extrémité supérieure du devant de la capotte; ils doivent être munis de lanternes pour être allumées à la chute du jour; les chevaux doivent porter un grelot mobile de cuivre battu.

Tout cabriolet de louage ne peut stationner sur une place, dans Paris, sans permis de la Préfecture de police.

Le prix des courses de cabriolets est fixé ainsi qu'il suit, savoir:

De six heures du matin à minuit:

De 1 à 15 minutes............	0 f.	60 c.
Pour chaque minute en sus......	0	2 1/2
Pour chaque course............	1	25
Pour la première heure.........	1	75
Pour chacune des autres heures..	1	50
De minuit à six heures du matin:		
Pour chaque course............	1	65
Pour chaque heure.............	2	50
Pour aller à Bicêtre............	3	00
Pour y aller, y rester une heure et revenir.........................	5	00

Une plaque indicative du tarif doit être placée dans le cabriolet, (*Ordonnances de Police, du* 1er *juillet* 1829 *et* 17 *août* 1830.)

Le tarif à la minute n'est pas obligatoire, les loueurs qui veulent en faire usage, le maintiennent sur la plaque indicative mentionnée plus haut. (*Ordonnance de Police, du* 14 *décembre* 1829.)

CABRIOLETS SOUS REMISE.

Les cabriolets de remise doivent être numérotés en chiffres arabes rouges de cinq centimètres et demi de hauteur. (2 *pouces.*)

Ces numéros doivent être peints sur le panneau de derrière et sur les deux panneaux de côté du cabriolet et *non ailleurs.*

Dans le ressort de la Préfecture de police, tout propriétaire ou conducteur de cabriolets de remise, doit être muni d'une médaille portant son nom, et de la déclaration faite à la Préfecture de police, indiquant le numéro du cabriolet; cet extrait de déclaration doit être représenté à toute réquisition des agens de l'autorité.

Les cabriolets ne peuvent être conduits par des femmes ou des enfans au-dessous de l'âge de seize ans; ils ne doivent marcher qu'au petit trot du cheval, et seulement au pas dans les halles et marchés et à la descente des ponts; ils ne peuvent stationner sur aucun point de la voie publique, ni parcourir les rues pour y être loués et offerts aux passans.

Les dispositions des règlemens relatifs aux lanternes et grelots dont doivent être pourvus les cabriolets de place, leur sont applicables. (*Ordonnance de Police, du* 8 *janvier* 1829.)

Tarif des cabriolets sous remise :

Pour chaque course............	1 f. 75 c.
Pour la première heure.........	2 25
Pour chacune des heures suivantes........................	1 75

(*Arrêté du 14 février 1824.*)

CABRIOLETS DE L'EXTÉRIEUR,

DITS DES ENVIRONS DE PARIS.

Les cabriolets de l'extérieur doivent porter, indépendamment du numéro de police et de l'estampille de la régie, une inscription indicative du nombre de places que chaque cabriolet contient, de sa destination, et du nom du propriétaire.

Cette inscription doit être peinte uniformément, en lettres rouges, sur la caisse, aux panneaux de côtés.

Il ne doit être admis dans les cabriolets plus de voyageurs que le nombre indiqué par l'inscription ; il n'en peut être placé aucun sur l'impériale.

Les dispositions des règlemens qui prescrivent aux cabriolets de l'intérieur d'avoir des lanternes et grelots, leur sont applicables.

Toutes les voitures de louage sont soumises à une visite annuelle, ainsi que les chevaux et harnais. Cette visite doit être constatée par l'empreinte d'un poinçon sur le train et les roues de chaque voiture. (*Ordonnance de Police, du* 1er *juillet* 1829.)

CABRIOLETS BOURGEOIS.

Les propriétaires de cabriolets bourgeois, domiciliés dans le ressort de la Préfecture de police, sont assujétis à la déclaration prescrite pour les cabriolets de remise, et conséquemment doivent être numérotés en chiffres arabes de la même dimension, sur les panneaux de derrière et des côtés, et *non ailleurs*.

Il sont également assujétis aux lanternes, dont il est parlé précédemment, et ne doivent être conduits qu'au petit trot; ils ne peuvent l'être par des femmes ou des enfans âgés de moins de seize ans.

A l'égard des cabriolets appartenant à des personnes domiciliées hors le ressort de la Préfecture de police, il leur suffit de justifier qu'elles ne se trouvent que momentanément à Paris, soit par l'exhibition de leur passe-port, soit par tout autre moyen. (*Ordonnance de Police, du* 21 *mars* 1831.)

Les cabriolets bourgeois employés à l'usage personnel des loueurs de place ou de remise, doivent être numérotés en chiffres jaunes sur écusson noir. (*Ordonnance de Police, du 16 novembre 1829.*)

Les boghcis, tilburys, wiskis, et autres voitures de même espèce, sont assujéties aux formalités prescrites pour les cabriolets bourgeois. (*Circulaire du Préfet de police, du 17 mars 1822.*)

CAGES.

Il est défendu d'exposer des cages sur les murs de face des maisons, ainsi que sur les fenêtres. (Voir *Fenêtres.*)

CANAL SAINT-MARTIN.

Il est défendu de se baigner et faire baigner des chiens dans le canal Saint-Martin; d'y jeter des pierres ou autres corps durs et immondices, d'y puiser de l'eau et d'y commettre aucune dégradation. (*Ordonnance de Police, du 10 jui 1826.*)

Pour les plantations qui le bordent, voir l'article *Arbres.*

Il est également défendu aux conducteurs de voitures de toute espèce, charretiers et autres, de conduire leurs chevaux autrement qu'au pas, en traversant les ponts tournans établis sur toute la ligne du canal Saint-Martin. (*Ordonnances de Police, des 17 juillet 1826, et 1er juillet 1831.*)

CAPTURE DE PRÉVENUS.

Il est alloué aux agens de police pour la capture d'un prévenu, accusé ou condamné, à Paris, savoir :

Pour l'exécution de tous mandats d'amener, 8 francs.

Pour capture ou saisie de la personne en exécution d'un jugement de simple police, 5 fr.

Pour capture en exécution d'un mandat d'arrêt, ou d'un jugement ou arrêt en matière correctionnelle, emportant emprisonnement, 18 fr.

Pour capture en exécution d'une ordonnance de prise de corps ou arrêt emportant la peine de la réclusion, 21 fr.

Pour capture en exécution d'un arrêt de condamnation aux travaux forcés ou à la peine de mort, 30 fr. (*Décrets des* 18 *juin* 1811, *et* 7 *avril*, 1813.)

Ces frais sont payés par la caisse des frais de justice sur le vu de triples états signés du juge d'instruction, lorsqu'il s'agit de mandats ; du président qui a concouru à l'arrêt ou jugement ; du procureur du Roi et du directeur de l'enregistrement et des domaines.

CARROSSES DE PLACE.

Il est défendu de faire rouler ou stationner dans Paris, aucun carrosse de place, sous quelle dénomination que ce soit (fiacres, berlines, citadines, célestines, etc.), sans en avoir fait la déclaration à la Préfecture de police, et avoir fait numéroter lesdites voitures. Ce numérotage doit être en chiffres arabes noirs ou blancs, d'une hauteur de trois pouces au moins, aux deux panneaux de côté et à ceux de derrière.

Ces chiffres peuvent être facultativement de métal poli ou peints sur la voiture, dans un écusson blanc ou noir, suivant la couleur des numéros.

Le numéro de chaque voiture doit être répété dans l'intérieur de la caisse, sur une plaque en fer battu, ayant treize centimètres de longueur, sur sept centimètres de hauteur, laquelle doit être fixée au-dessus des deux carreaux de devant.

Il doit y avoir aussi dans la caisse un cordon qui corresponde au siége de la voiture, et que le cocher est tenu de passer à son bras, chaque fois que sa voiture est occupée, afin que les personnes qu'il conduit puissent le faire arrêter à leur gré (1).

Les voitures doivent être garnies de lanternes

---

(1) Cette disposition n'a pas reçu son exécution et paraît être tombée en désuétude.

adaptées à chaque côté de la caisse, lesquelles doivent être allumées à la chute du jour.

Le train et les roues doivent porter la marque d'un poinçon indiquant la visite annuelle ou préalable à laquelle elles sont assujéties.

Le prix des courses des carrosses de place est fixé, ainsi qu'il suit :

De six heures du matin à minuit :

Pour chaque course.............	1 fr.	50 c.
Pour la première heure..........	2	25
Pour chacune des autres heures...	1	75

De minuit à six heures du matin :

Pour chaque course.............	2	00
Pour chaque heure..............	3	00
Pour aller à Bicêtre.............	4	00
Pour y aller, y rester une heure et revenir.........................	6	00

Une plaque indiquant le tarif des places, doit être fixée dans l'intérieur des carrosses. (*Ordonnances de Police des 1er juillet, 14 décembre* 1829, *et Arrêté du Préfet de police du* 18 *septembre même année.*)

CARROSSES SUPPLÉMENTAIRES.

Les carrosses supplémentaires sont désignés par des numéros blancs peints sur une plaque noire mobile, en métal, de 10 pouces de largeur, sur six pouces de hauteur, placée à l'angle supérieur de chacun des deux panneaux du devant.

Les règlemens relatifs aux carrosses de place leur sont applicables.

Ces voitures ne doivent circuler qu'aux époques ci-après déterminées,

Savoir:

Les Dimanches.

Les quatre grandes fêtes reconnues.

Le jour de la fête du Roi.

La dernière quinzaine de décembre, à partir du 16.

Le mois de janvier.

Du Dimanche qui précède le Jeudi-Gras au Mardi-Gras.

Le jeudi de la Mi-Carême. (*Ordonnances de Police, des* 29 *octobre* 1825, *et* 1er *juillet* 1829.)

CARROSSES DE REMISE.

Les carrosses de remise sont ceux loués à prix débattu aux personnes qui veulent s'en servir au mois ou à l'année.

Les propriétaires ne peuvent s'immiscer dans le service de place, et conséquemment louer lesdites voitures à l'heure ou à la course, ni les exposer sur la voie publique, pour les louer, soit en y restant stationnaires, soit en la parcourant.

Ces carrosses ne portent point de numéros; ils sont seulement soumis à l'estampille de la régie, laquelle se place sous la caisse, d'une manière inaperçue; ils sont également tenus d'avoir des lanternes comme les carrosses de place; les propriétaires doivent se faire inscrire à la Préfecture de police; il leur est délivré acte de cette inscription; les conducteurs doivent être munis de leurs papiers de sûreté, et porter une médaille de forme particulière. (*Arrêté du Préfet de police, du 12 décembre* 1823.)

CARREAUX DE VITRES.

C'est une erreur propagée parmi le peuple, à Paris, de croire que ceux qui brisent involontairement des vitres de devantures de boutiques et autres, ne sont tenus de les payer qu'un certain prix, quelquefois beaucoup au-dessous de leur valeur.

L'article 1382 du Code Civil, oblige celui qui cause du dommage à autrui, à le réparer, quelle qu'en soit la valeur.

Si le bris du carreau était volontaire, il constituerait une contravention prévue par le paragraphe 8 de l'article 475 du Code Pénal.

CARTES A JOUER.

On ne peut vendre ni fabriquer des cartes à jouer, sans une permission de la régie des contributions indirectes.

Ceux qui en vendent ou colportent dans les rues, doivent particulièrement fixer l'attention de l'autorité, parce que ce fait constitue un délit, suivant la loi du 28 avril 1816, qui prononce des peines correctionnelles contre les délinquans.

CÉRÉMONIES PUBLIQUES.

L'action de la police, dans toutes les fêtes et cérémonies publiques, a pour but la répression de tout ce qui peut troubler l'ordre public.

La surveillance des agens doit donc porter sur les objets généraux ci-après :

1°. Tenir la main à ce que les conducteurs ou cochers de toute voiture quelconque, ne quittent pas les rênes de leurs chevaux ;

2°. Que personne ne monte sur les parapets des quais et des ponts, sur les toits et auvents des maisons, sur les échafaudages qui se trouveraient au-devant des bâtimens en construction ou en réparation, ainsi que sur les arbres des promenades publiques, situés sur l'itinéraire du passage ou du lieu de la cérémonie ;

3°. Qu'il ne soit construit aucun amphithéâtre, estrade, ni placé de chaises ou bancs, sur la voie publique, dans l'itinéraire du cortége, où sur le lieu d'assemblée ou de réunion;

4°. Que le pavé et le sable des ateliers de pavage soient relevés contre les murs des maisons, sur l'itinéraire de la cérémonie, de manière à ne point excéder la saillie des bornes;

5°. Enfin, surveiller les gens qui, par leur mise ou leur tournure, semblent être venus sur les lieux, plutôt comme des malveillans cherchant à exercer leur coupable industrie, que comme des gens paisibles, désireux de voir la fête ou la cérémonie.

Pour les autres points de la surveillance à exercer, dans ces circonstances, il faut se reporter aux dispositions des Ordonnances spéciales, rendues chaque année, à l'occasion de la fête du Roi, du défilé de Long-Champ, de la fête de Saint-Cloud, etc.

CHAMPS-ÉLYSÉES.

Il est défendu de monter sur les arbres, d'y appliquer aucune clôture et de les englober dans les baraques qui seraient même autorisées, d'enclore aucune partie de terrain tenant auxdites baraques, d'enlever du gazon, de couper l'herbe ou les racines d'arbres qui périssent à la surface du sol, d'y enlever de la terre, sous quelque prétexte que ce soit, comme aussi d'entrer dans les contre-allées ou quinconces, avec voitures ou chevaux, même en conduisant des chevaux par la bride.

Il est également défendu d'y tirer des armes à feu ou pétards, d'y lancer des fusées ou autres pièces d'artifice et d'y allumer du feu. (*Arrêté du Ministre de l'intérieur, du 6 septembre* 1806.) Voir *Arbres*. – *Boulevarts*.

CHANTEURS AMBULANTS.

Il faut une permission du Préfet de police, et être porteur d'une médaille pour vendre des chansons dans les rues de Paris, et dans les communes du ressort de la Préfecture de police (1).

---

(1) Depuis la promulgation de la loi du 10 décembre 1830, concernant les afficheurs et crieurs d'écrits imprimés, la permission exigée par les anciens règlemens, pour les chanteurs, doit être remplacée par l'extrait de la déclaration qu'ils doivent faire à la Préfecture police, et être astreints au dépôt d'un exemplaire des chansons dans un commissariat de Police, ainsi qu'il est prescrit par ladite loi.

La médaille ne doit plus être exigée.
(*Conséquence de la loi précitée.*)

Ils ne peuvent stationner qu'aux endroits indiqués ci-après, savoir :

1°. Montagne Sainte-Geneviève, devant le Marché-des-Carmes;

2°. *Idem*, devant l'École Polytechnique;

3°. Place Sainte-Geneviève, devant la rue Saint-Jacques;

4°. Place de Fourcy;

5°. Place de l'Estrapade;

6°. Place du Châtelet, en avant de la fontaine;

7°. Boulevart Bonne-Nouvelle;

8°. Carrefour de la rue des Martyrs;

9°. Les Champs-Elysées, excepté les grandes allées;

10°. Place Montholon;

11°. Passage Saulnier;

12°. Quai de Gèvres;

13°. Rue de Sèvres, devant les Incurables;

14°. Boulevart des Invalides;

15°. Place du marché Saint-Jean;

16°. Quai des Ormes;

17°. Pont de l'Eléphant, et place de la Bastille, partie non viable;

18°. Quai de Béthune;

19°. Quai Bourbon.

20°. Tous les quais de l'île Saint-Louis;

21°. Place du Caire;

22°. Revers du boulevart de la Madeleine;

23°. Boulevart Bondy;

24°. Place du Marché-du-Temple;

25°. Rue Royale Saint-Antoine;

26°. Place de l'Abbaye;

27°. Place du Muséum, à l'entrée de la rue Froidmanteau;

28°. Boulevart de l'Hôpital;

29°. Place Dauphine;

30°. Quai d'Orsay;

31°. Place Beauveau;

32°. Boulevart Saint-Antoine;

33°. Et place Saint-André-des-Arts.

Les chanteurs ne doivent pas s'introduire dans aucun établissement ouvert au public, tels que cafés, estaminets, cabarets, maisons de traiteurs, restaurateurs, etc., pour y chanter, vendre ou proposer des chansons. (*Circulaire du Préfet de police, du 6 septembre* 1822.) Voir *Musiciens*.

CHARBON DE BOIS.

Il est enjoint à tout conducteur de voitures chargées de charbon, de se munir de lettres de voitures en bonne forme, énonçant les quantités (en hectolitres) de charbon chargé sur les voitures, le nom du propriétaire et celui du facteur ou celui de consommateur auquel il est adressé.

Le charbon amené dans Paris, ne peut y entrer que par les barrières de Charenton, Vincennes, La Villette, de Monceaux, des Bons-Hommes, de la Chaussée-du-Maine, de Fontainebleau, d'Enfer et de Vaugirard.

Il est défendu de faire circuler et colporter du charbon dans Paris, pour le vendre.

Les porteurs de charbon doivent être pourvus de médailles indiquant leurs noms, prénoms et surnoms, ainsi que le numéro de leur inscription; ces médailles sont portées ostensiblement par eux; ils doivent mettre à l'extérieur de leur sac, le numéro de leurs médailles, en gros caractères.

Les porteurs de charbon médaillés ont seuls le droit de porter du charbon dans Paris; il leur est défendu de laisser, sous aucun prétexte, des sacs de charbon, dans les bateaux, sur les places de vente, quais et sur aucune partie de la voie publique, ni en dépôt dans les maisons; il est défendu à tout particulier de recevoir lesdits dépôts.

Les porteurs ne peuvent, non plus, porter du charbon *une heure après la fermeture des places de vente et des ports.*

Les heures d'ouverture de la vente du charbon sont: du 1er avril au 31 octobre, depuis sept heures du matin, jusqu'à midi, et depuis deux heures jusqu'à cinq heures de relevée ; du 1er novembre au 30 mars, depuis neuf heures du matin, jusqu'à midi, et depuis deux heures jusqu'à quatre de relevée.

Il est défendu aux détaillans de vendre le charbon au sac et au demi-sac. *(Ordonnance de Police, du 30 septembre* 1826.)

CHARBON DE TERRE.

On ne peut vendre du charbon de terre, à Paris, que dans les ports à ce affectés et dans les entrepôts autorisés par le Préfet de police. *(Ordonnance de Police, du 30 septembre* 1826.)

CHARDONS DE FER OU HERSES.

Les établissemens de semblables objets, pour empêcher la communication d'une maison à une autre, ne peuvent avoir lieu, en saillie, qu'en vertu d'une permission du Préfet de police. Voir *Saillies.*

CHARIVARIS.

Il est défendu à toute personne, de faire ou exciter le jour ou la nuit, aucun attroupement, pour faire des charivaris, à peine d'amende de simple police. *(Article* 479 *du Code Pénal*, § 8.)

CHARRETTES. — CHARRETIERS.

Toute charrette traînée à bras ou par des chevaux et autres animaux, doit porter une plaque de métal, clouée en avant de la roue et au côté gauche de la voiture.

Cette disposition s'applique à toutes les voitures désignées sous le nôm de diables, camions, haquets, fardiers, etc.

Les voitures qui servent au transport des bois, des planches, des pierres, des moellons, des gravois et autres objets, qui peuvent, en tombant, blesser les passans, ne doivent pas être chargées au-dessus des ridelles ou des planches de clôture.

Les ridelles ne peuvent être sur-élevées par des bûches où piquets placés verticalement, pour en retenir le chargement.

Il est défendu aux rouliers, charretiers, bouchers, tripiers, charcutiers, blanchisseurs, laitières, tapissiers, entrepreneurs des déménagemens, marchands de meubles, et à tous conducteurs de voitures *suspendues* ou *non suspendues*, employées aux transports des denrées, marchandises, meubles et autres objets, de monter dans leurs voitures chargées ou non chargées, quand même elles ne seraient attelées que d'un cheval.

Cependant les voitures ci-dessus désignées, même celles chargées, peuvent être conduites en guides, lorsqu'elles ont sur le devant un siége ou une banquette, qu'elles sont attelées d'un seul cheval et qu'elles sont *menées au pas.*

Les conducteurs ne doivent pas monter sur leurs chevaux et les faire galoper ou trotter (1).

Les charretiers ou conducteurs doivent être au moins âgés de seize ans; ils sont tenus de laisser libre la moitié des rues et chemins et autres parties de la voie publique, à l'approche de toute voiture quelconque, en se détournant ou en se rangeant à leur droite.

On ne peut faire stationner, *sans nécessité*, sur la voie publique, aucune voiture attelée ou non attelée. (*Ordonnance de Police, du* 9 *mai* 1831.)

Les charrettes de bouchers, tripiers et autres servant au transport des viandes, doivent être couvertes. (*Ordonnance de Police du* 3 *octobre* 1827.)

---

(1) En cas de contravention à cette disposition, il faut pouvoir indiquer dans les rapports ou procès-verbaux, la distance parcourue en trottant ou galopant, afin d'ôter au contrevenant tout moyen d'excuse, basées souvent sur ce que son cheval l'aurait emporté quelques pas ou sur ce qu'il aurait été effrayé, etc.

Il est défendu de charrier du fumier ou litière, sans que la charrette soit bannée, de manière qu'il n'en tombe pas sur la voie publique, en circulant (*Ordonnance de Police, du 23 novembre* 1831.)

La circulation des charrettes traînées par des chiens, est absolument prohibée par l'Ordonnance de Police du 1er juin 1824, qui ordonne la conduite à la fourrière, de toutes celles trouvées en contravention sur la voie publique.

Aux termes de l'Ordonnance du Roi, du 29 octobre 1828, les moyeux des roues de toute voiture de transport, ne doivent pas excéder la saillie de *douze centimètres*, d'un plan passant par la face extérieure des jantes.

Sont compris dans la catégorie des voitures assujéties à cette mesure, les charrettes, voitures de roulage, de blanchisseuses, de porteurs d'eau, les haquets, tapissières, et généralement toute voiture servant au transport des marchandises. (*Ordonnance de Police, du 31 janvier* 1829.)

CHEVAUX.

Il est défendu d'essayer ou d'exercer des chevaux dans les rues de Paris et dans les autres lieux à ce non affectés.

Ils ne peuvent être essayés que sur les boulevarts extérieurs et au Marché-aux-Chevaux.

Il est défendu de conduire dans Paris, sur la voie publique, et aux abreuvoirs, plus de trois chevaux ou mulets, y compris celui sur lequel le conducteur est monté, comme aussi de les confier à des enfans âgés moins de seize ans, ou à des femmes, et de les faire trotter ou galoper.

On ne peut en conduire aux abreuvoirs pendant la nuit. (*Ordonnances de Police, des* 6 *décembre* 1823, *et* 9 *mai* 1831.)

CHEMINÉES.

Les cheminées des fours, des fondoirs, des cuisines de traiteurs et autres établissemens où l'on emploie journellement des combustibles, doivent être ramonées au moins une fois par mois. (*Ordonnance de Police, du* 21 *décembre* 1819.)

Les tuyaux de cheminées en maçonnerie, en saillie, sur la voie publique, doivent être signalés à l'autorité, lorsqu'ils sont en mauvais état, ou que l'on fait de grosses réparations dans les bâtimens où ils sont adossés, attendu que ces tuyaux saillans doivent être supprimés.

Les tuyaux de cheminées, en tôle et en poterie ou en grès, ne peuvent être également conservés extérieurement. (*Ordonnance du Roi, du 24 décembre* 1823.)

CHIENS.

Il est défendu, dans tous les tems, de laisser vaguer des chiens sur la voie publique, s'ils ne sont pas muselés.

Ils doivent, en outre, porter un collier soit en métal, soit en cuir garni d'une plaque de métal, où les noms et demeures des personnes auxquelles ils appartiennent, doivent être gravés.

Les chiens doivent être muselés dans l'intérieur des magasins, boutiques, ateliers, et autres établissemens ou lieux quelconques ouverts au public, même lorsqu'ils y seraient à l'attache.

Il est défendu aux entrepreneurs et conducteurs de diligences et autres voitures publiques, de souffrir dans les voitures des chiens non muselés.

Il est enjoint aux marchands forains, blanchisseurs et autres voituriers et charretiers, d'attacher leurs chiens de très-court, avec une chaîne en fer, sous l'essieu de leurs voitures et de les museler.

Il est également défendu d'atteler ou d'attacher des chiens aux voitures traînées à bras. (*Ordonnance de Police, du* 20 *mai* 1831.)

Ceux qui fréquentent le Marché-aux-Chevaux ne peuvent y en mener, sans qu'ils soient muselés ou tenus en laisse. (*Ordonnance de Police, du* 19 *décembre* 1829.)

Lorsqu'un chien présumé enragé, a mordu quelqu'un, il faut se garder de le faire tuer; il doit être renfermé par le propriétaire ou conduit à l'école vétérinaire d'Alfort, afin d'être traité ou examiné, et que l'on puisse s'assurer s'il est enragé ou non; la Préfecture de police paie les frais de conduite. (*Circulaire du* 7 *septembre* 1824.)

Les chiens errans, non muselés, qui ne sont réclamés par personne, doivent être conduits à la fourrière de la Préfecture de police, pour y être abattus. (*Circulaire du Préfet de police, du* 15 *juillet* 1829.)

Toute personne mordue par un chien soupçonné de rage, doit, à l'instant même, presser sa blessure dans tous les sens, afin d'en faire sortir le sang et la bave, la laver ensuite, soit avec de l'alcali-volatil étendu d'eau, soit avec de la lessive, de l'eau de savon, de l'urine ou enfin de l'eau pure, et recourir promptement à un médecin.

L'expérience a démontré que la cautérisation des morsures faite au plus tôt avec un fer chaud ou à blanc, est un moyen certain de prévenir la rage.

On trouve dans les hôpitaux, à toute heure de jour et de nuit, les secours que ces sortes d'accidens exigent, et l'on ne doit compter sur aucun autre moyen pour obtenir guérison. (*Avis du Préfet de police, du* 20 *mai* 1831.)

CHIFFONNIERS AMBULANS.

Tout chiffonnier ambulant, dans Paris, doit être pourvu d'une médaille de forme ovale, délivrée à la Préfecture de police, et portant d'un côté son numéro d'inscription, ses nom, prénoms et surnoms, et de l'autre côté son signalement.

Ce numéro doit être répété sur une plaque en tôle, assujétie à la face extérieure du mannequin ou de la hotte du chiffonnier; il doit être également peint sur l'une des vitres de sa lanterne.

Il est défendu aux chiffonniers d'exercer leur métier et de circuler sur la voie publique, avec leur attirail, après minuit, en toute saison; avant le jour en été et avant cinq heures du matin, depuis le 1er octobre jusqu'au 1er avril, à moins d'une permission spéciale de la Préfecture de police; ils doivent avoir de la lumière dans leurs lanternes dès la chute du jour.

Il leur est formellement interdit de se faire accompagner de chiens, il leur est enjoint de remettre en tas les ordures qu'ils auraient éparpillées avec leur crochet; à cet effet, ils doivent être porteurs d'un petit balai ou d'un rateau.

Tout chiffonnier qui trouve quelque objet provenant de perte ou de vol, est tenu d'en faire le dépôt à l'autorité. (*Ordonnance de Police, du 1er septembre* 1828.) Voir *Dégradations.* — *Ravageurs.*

CLAMEUR PUBLIQUE.

C'est le cri du peuple contre un individu inculpé d'un crime ou d'un délit.

Dans ce cas, toute personne, sans exception, doit secours aux agens de l'autorité, lorsqu'ils le requièrent, à peine d'amende de simple police, de 6 à 10 francs. (*Code Pénal*, *art.* 475.)

CLOCHES.

Il est défendu de faire sonner les cloches pendant l'orage, à peine d'amende, comme de les sonner pour un objet étranger au culte, sans une permission de l'autorité. (*Arrêt du Parlement du* 14 *juillet* 1786, *et Loi du* 18 *germinal an* 10.)

CLOTURES DE TERRAINS ET BATIMENS.

Les terrains vagues, les bâtimens en démolition, ceux en construction, et ceux non habités, pouvant servir de retraite aux malveillans, pendant la nuit, doivent être clos à la diligence des commissaires de police des quartiers respectifs, à Paris, et à celle des maires et adjoints dans les communes rurales de la banlieue, à peine d'amende de simple police, contre les propriétaires qui s'y refuseraient. (*Loi du* 18 *nivose an* 13.)

COCHERS DE VOITURES DE PLACE.

Les propriétaires de voitures de place ne peuvent se servir que de cochers porteurs d'un *permis de conduire*, délivré par la Préfecture de police.

Dès qu'un cocher entre chez un loueur, il lui est délivré, par ce dernier, un bulletin d'entrée en service, dont il doit toujours être porteur, tant qu'il est occupé par un loueur, et qui doit être visé dans les vingt-quatre heures à la Préfecture de police.

Ce bulletin doit contenir le numéro de la voiture et le signalement du cocher.

Tout cocher de place doit être porteur d'une médaille, ainsi que les propriétaires de voitures qui conduisent eux-même; cette médaille est en suivre pour les cochers et peut être en argent ou argentée pour les propriétaires-cochers.

La médaille du cocher porte le numéro d'inscription du permis de conduire. Ce permis doit être entre les mains du propriétaire qui emploie le cocher, et à la Préfecture de police, lorsque le cocher est sans place.

Tout cocher, conducteur d'une voiture de place, doit être muni ;

1°. Du livret de maître contenant le numéro et le permis de stationnement ;

2°. Du bulletin d'entrée au service ;

3°. De papiers de sûreté ;

4°. De sa médaille qu'il doit porter d'une manière ostensible, sur sa poitrine.

Il doit représenter tous ces objets à toute réquisition, soit au public, soit aux agens de l'autorité.

Les cochers ne peuvent quitter leurs rênes lors qu'ils stationnent sur les places à ce affectées, ou qu'ils attendent à la porte des particuliers.

Ils ne peuvent parcourir la voie publique pour offrir leurs voitures aux passans.

Il leur est fait expresses défenses de laisser monter sur le siége de leurs voitures qui que ce soit, exceptés les apprentis-cochers pourvus de permission, comme de laisser monter derrière leurs voitures d'autres individus que les domestiques des personnes qu'ils conduisent.

Il est défendu aux cochers de fumer sur leurs siéges pendant leurs courses.

Ils ne peuvent être contraints de recevoir plus de quatre personnes et un enfant, ni d'y laisser monter des animaux; ils ne peuvent non plus faire monter qui que ce soit sur l'impériale (1).

Tout cocher pris sur place est tenu de marcher à toute réquisition.

Il est défendu à tout conducteur de voitures de place, de traverser les halles du centre, avant dix heures du matin.

Tout cocher de service de place de l'intérieur est tenu de remettre à la personne qui monte dans sa voiture, une carte qui indique le numéro de la voiture et le prix de la course, conformément au modèle qui leur en est donné par la Préfecture de police. Lorsque plusieurs personnes prennent la même voiture, on ne peut exiger que la délivrance d'une seule carte.

Les voitures doivent être conduites au pas dans les rues étroites, ainsi qu'à la descente

---

(1) Cette défense ne se trouve pas insérée dans la nouvelle ordonnance, mais elle est trop importante à la sûreté publique, pour penser que le silence à cet égard ne soit pas une omission.

des ponts; les chevaux ne doivent jamais galoper.

Les apprentis-cochers ne peuvent jamais conduire seuls, ni monter sur le siége après le coucher du soleil.

Il est défendu de faire stationner aucune voiture sur la place de la Ferronnerie avant neuf heures du matin, du 1er avril au 1er octobre, et avant dix heures du matin, du 1er octobre au 1er avril.

Aucun cocher ne peut faire stationner sa voiture sur les places, depuis minuit jusqu'à six heures du matin, excepté sur les places dont les noms suivent:

1°. Place du Palais Royal;
2°. — de la rue Montmartre;
3°. — du quai de la Grève;
4°. — de la rue de Sèvres;
5°. — du quai des Augustins;
6°. — de la place Maubert;
7°. — de la place Mazarine;
8°. — de la rue Royale;
9°. — de la rue Culture-Sainte-Catherine;
10°. — de la rue de la Roquette.

Ordonnances de Police, des 1er juillet 1829 *et* 5 *septembre* 1831.)

COLPORTEURS (MARCHANDS).

Les marchands colporteurs de toute espèce de marchandises sont assujétis à représenter la patente dont ils doivent être pourvus, à toute réquisition des commissaires de police, ou agens de l'autorité, conformément à la loi du 1er brumaire an 7, article 38. Cette patente, pour être valable, doit être acquittée et revêtue, à Paris, des signatures et du sceau des membres de la commission des contributions directes.

Les patentes sont personnelles et ne peuvent conséquemment servir qu'à un seul individu. Cependant le mari et la femme ne sont pas sujets à payer deux patentes, mais s'ils voyagent séparément, la femme doit être munie d'un *duplicata* de la patente de son mari.

Ainsi un marchand colporteur ne peut avoir des commis voyageurs dans d'autres directions que lui, en se prévalant de son unique patente ; ce n'est qu'à titre d'aide ou de porteur de ballots, qu'il peut se faire accompagner de quelqu'un, pour vendre ses marchandises.

Tous les marchands colporteurs, indépendamment de leurs patentes, doivent justifier de papiers de sûreté attestant leur individualité ; il est un moyen facile de constater si le marchand ne se sert pas de la patente d'un autre, c'est de comparer la signature apposée sur cette dernière avec celle existant sur ses papiers de sûreté.

En cas de contravention, les marchandises sont provisoirement saisies et mises à la disposition du commissaire de police du quartier, accompagnées d'un rapport y relatif.

COMBUSTIBLES.

Il est défendu de faire du feu dans les lieux renfermant des combustibles quelconques, et d'y entrer avec de la lumière sans être close dans une lanterne. (*Ordonnance de Police, du* 27 *octobre* 1824.)

COMESTIBLES.

Les agens de police doivent surveiller particulièrement les marchands de comestibles sur la voie publique, sous les rapports de la fidélité du débit et de la salubrité des denrées exposées en vente.

En cas d'exposition en vente de comestibles gâtés ou corrompus, ils doivent être saisis pour être détruits à la diligence des commissaires de police du quartier, sans préjudice de l'amende encourue par les vendeurs. (*Loi du* 19—22 *juillet* 1791, *article* 20.)

COMMISSAIRES DE POLICE.

Il y a quarante-huit commissaires de police, à Paris, un pour chaque quartier, plus un commissaire de police chargé spécialement de la surveillance de la Bourse et de la halle aux toiles et aux draps, et un commissaire adjoint à celui du quartier des Champs-Elysées, ayant spécialement la police de Chaillot.

Aux termes d'une instruction du Préfet de police, en date du 27 novembre 1827, leurs bureaux doivent être ouverts au public, tous les jours, depuis huit heures du matin, jusqu'à dix heures du soir, en tous tems.

Pour la banlieue de Paris, il en existe un à Saint-Denis, à Belleville, à Ivry et à Vaugirard.

COMMISSIONNAIRES SUR LA VOIE PUBLIQUE.

Nul ne peut être commissionnaire stationnant sur la voie publique, à Paris, sans être pourvu d'une médaille portant le numéro de son enregistrement à la Préfecture de police, ses nom, surnoms et les initiales de ses prénoms.

Cette médaille doit être portée ostensiblement et ne peut être prêtée à qui que ce soit.

Il est défendu à tout commissionnaire de stationner sur aucun point de la voie publique, sans en avoir obtenu la permission du commissaire de police du quartier. (*Ordonnance de Police, du 29 juillet 1811.*)

CONDAMNÉS.

L'arrêté du Gouvernement, du 18 ventose an 12, accorde à tout individu qui aurait arrêté et amené un condamné aux fers ou à la détention, une gratification de 100 francs, s'il est repris hors des murs de la ville, où il était détenu, et de 50 francs s'il est repris dans la ville.

CONDUITS OU TUYAUX DE DESCENTE.

Il faut une permission du Préfet de police, pour établir sur les murs de face des maisons de Paris, des conduits ou tuyaux de descente des eaux pluviales ou ménagères. Leur saillie ne peut excéder seize centimètres. (*Ordonnance du Roi, du 24 décembre* 1823.) Voir *Tuyaux*.

CONSIGNES.

Pour être exécutoire, toute consigne verbale ou par écrit, donnée dans un corps-de-garde, doit être approuvée par le Commandant de Place. (*Circulaire du Préfet de police, des* 27 *avril* 1824 *et* 26 *septembre* 1826.)

CONTRAVENTIONS.

Dans le langage de la loi, le mot contravention désigne un fait de simple police, punissable, soit d'une amende de 15 francs et au-dessous, soit d'un emprisonnement de cinq jours et au-dessous.

Les rapports de simples agens de police, ne font pas foi en justice, jusqu'à preuve contraire, ni ne peuvent servir de base à une condamnation, lorsqu'ils ne sont appuyés par aucun témoignage, et que le fait qui y est constaté, est dénié par le prévenu. (*Arrêt de cassation, du 7 août* 1829, *dans l'affaire Mater.*)

Ainsi, d'après cette jurisprudence, lorsqu'un agent opère isolément, il doit avoir soin, lorsqu'il se trouve dans le cas de constater une contravention, de recueillir les noms, professions et demeures de deux témoins qu'il mentionnera dans son rapport pour l'appuyer.

En matière de contravention, les aveux d'un prévenu suppléent à l'irrégularité du rapport ou procès-verbal. (*Arrêt de cassation, du 5 février* 1825.)

Nulle contravention ne peut donner lieu à arrestation, même quand la loi prononcerait l'emprisonnement de simple police, ni en matière de délit de police correctionnelle qui n'entraînerait qu'une peine pécuniaire. (*Instruction du Procureur du Roi, du 1er janvier* 1817.)

CONTREFICHES. Voir ETAIES.

CONTREVENTS OU VOLETS.

Il ne peut être établi de contrevens ou volets, ouvrant en dehors, qu'en vertu d'une permission du Préfet de police; ils ne doivent avoir que seize centimètres de saillie, étant ouverts, et être retenus par des tourniquets ou autres objets scellés dans le mur. (*Ordonnance du Roi, du 24 décembre* 1823.)

CONVOIS FUNÈBRES.

Le transport des morts aux divers cimetières de Paris, doit se faire au moyen de chars, dits *corbillards*, fournis par l'entreprise des pompes funèbres; il ne peut être fait à bras.

Les chars ne peuvent être arrêtés ni les cortéges interrompus ou séparés dans leur marche. (*Ordonnance de Police, du* 13 *avril* 1827 *et circulaire du Préfet de police du* 14 *du même mois.*)

COR ET AUTRES INSTRUMENS BRUYANS.

Le son de ces instrumens troublant le repos public, on ne peut en donner ou jouer sans se rendre coupable d'une contravention à l'Ordonnance de Police, du 31 octobre 1829, depuis neuf heures du soir jusqu'à quatre heures du matin, en été, et de neuf heures du soir à cinq heures du matin, en hiver.

Les marchands de vin qui reçoivent les gens donnant du cor, doivent être invités par les agens, en tournée, à faire cesser ceux qui en donnent dans leurs établissemens; s'ils ne se conforment pas à cette injonction, la contravention doit être déférée, par un rapport, au commissaire de police du quartier.

CORNICHES.

Il faut une permission du Préfet de police, pour établir des corniches sur la face des maisons dans Paris; elles ne peuvent être construites qu'en bois, avec faculté de les revêtir de métal; leur saillie ne doit pas excéder cinquante centimètres.

Celles en plâtre, existant actuellement, ne peuvent être réparées; elles doivent être démolies lorsqu'elles ont besoin de réparation. (*Ordonnance du Roi, du 4 décembre* 1823.)

CORPS-DE-GARDE.

Les chefs de poste doivent prêter main-forte à toute réquisition des officiers ou agens de police, et même à celle de tous particuliers, sauf, dans ce dernier cas, à conduire les plaignans ainsi que les inculpés, au bureau de police du quartier. (*Consigne générale des postes de Paris.*)

COURSES DE CHEVAUX.

Ceux qui font ou laissent courir leurs chevaux, bêtes de trait, de charge ou de monture, dans un lieu habité, commettent une contravention de simple police. (*Article 475 du Code Pénal.*)

Les personnes qui se rendent aux courses publiques, de chevaux, qui se font chaque année au Champ-de-Mars, doivent se dispenser d'y mener des chiens, ou les tenir en laisse, afin d'éviter les accidens qui en résulteraient si les chiens poursuivaient les chevaux dans l'arène.

COUVREURS ET AUTRES OUVRIERS.

Tous couvreurs, maçons, fumistes, badigeonneurs, plombiers, menuisiers et autres, exécutant aux bâtimens riverains de la voie publique, des ouvrages pouvant faire craindre des accidens, ou susceptibles d'incommoder les passans, sont tenus, s'il n'y a pas de barrière au-devant de la maison, de faire stationner dans la rue, pendant l'exécution des travaux, un ou deux ouvriers, au moins âgés de dix-huit ans, munis d'une règle, de deux mètres de longueur, pour en éloigner les passans. (*Ordonnance de Police*, *du* 8 *août* 1829.)

CREUSETS.

Il est défendu à tout individu de colporter dans les rues de Paris, des creusets, moules et autres ustensiles propre à fondre les métaux. (*Ordonnance de Police*, *du* 8 *novembre* 1780.)

CRIEURS PUBLICS D'ÉCRITS IMPRIMÉS.

Les crieurs publics sont tenus de faire la déclaration de leur profession à la Préfecture de police ; ils doivent être porteurs de l'extrait de cet acte et le représenter à toute réquisition des agens de l'autorité. (*Loi du* 10 *décembre* 1830.)

Ils sont tenus de déposer chez un commissaire de police un exemplaire des écrits qu'ils veulent colporter, et d'en faire viser un autre constatant ce dépôt, afin d'en justifier aux agens.

Les quatre commissaires de police chargés de donner ces *visa*, sont ceux des :

1°. Quartier du faubourg Saint-Germain ;
2°. Quartier de l'Observatoire ;
3°. Quartier de l'Hôtel-de-Ville ;
4°. Et quartier de la porte Saint-Denis.

Ne sont pas soumis à la formalité du dépôt,

les journaux, jugemens, lois et actes de l'autorité publique.

Le dépôt prescrit ne peut être considéré comme approbation de l'écrit en lui-même, ou comme dispense du timbre, et n'empêche pas la saisie de l'écrit qui contiendrait un délit ou une contravention aux lois sur le timbre et autres.

Les crieurs ne peuvent annoncer les écrits qu'ils distribuent, autrement que par leurs titres; les extraits de journaux ne peuvent être criés que comme extraits, avec le titre du journal, sans qu'il leur soit permis, en aucun cas, de lire ou débiter les sommaires des matières qui y sont contenues. (*Ordonnance de Police, du 9 avril* 1831.)

Défense de circuler et stationner sur la voie publique, avec des poteaux portatifs sur lesquels se trouvent placardés des écrits imprimés, contenant des nouvelles politiques ou traitant d'objets politiques.

Tous contrevenant doit être arrêté et conduit au bureau de police.

Il est également défendu de placer sur la voie publique, des poteaux mobiles, contenant des affiches ou placards même non politiques.

Enfin les crieurs publics ne doivent pas stationner sur la voie publique, pour annoncer leurs écrits-imprimés. (*Loi précitée et Ordonnance de Police du 29 juin* 1831.) ·

CRIS SÉDITIEUX.

Tous cris séditieux, tous discours proférés dans des lieux publics ou destinés à des réunions de citoyens; tous écrits ou imprimés qui auraient été affichés, vendus ou distribués, lesquels seraient calomnieux ou injurieux envers la personne du Roi ou des membres de sa famille, doivent être dénoncés, *sans retard*, à l'autorité.

Toutes les fois que l'on aura, par ces cris, discours, écrits ou imprimés, excité à désobéir au Roi et aux lois en vigueur, il y aura également délit qu'il importera de faire constater et réprimer sur-le-champ.

CROCHETS DÉTALAGE.

Il ne peut être établi, sur les murs de face des maisons de Paris, des crochets destinés à supporter des étalages extérieurs, sans une permission du Préfet de police; leur saillie ne peut excéder seize centimètres. (*Ordonnance du Roi, du* 24 *décembre* 1823.)

CULTES.

La liberté des cultes est garantie par la Charte Constitutionnelle.

En conséquence, celui qui, par des voies de fait ou par des menaces, empêche une ou plusieurs personnes d'exercer l'un des cultes établis, de célébrer certaines fêtes, d'observer certains jours de repos, se rend coupable d'un délit. (*Article* 260 *du Code Pénal.*)

Celui qui empêche, retarde ou interrompt les exercices d'un culte, par des troubles, des désordres, dans le lieu de l'exercice du culte, est punissable de peines correctionnelles. (*Article* 261 *du même Code.*)

CUVETTES OU PLOMBS.

Il ne peut être établi de cuvettes saillantes, pour recevoir les eaux ménagères, sur la face des maisons de construction nouvelle.

Les anciennes cuvettes en saillie doivent être supprimées, lorsqu'elles ont besoin de réparations, s'il est reconnu qu'elles peuvent être rétablies à l'intérieur. Dans le cas contraire, elles doivent être garnies de hausses extérieures, pour prévenir le déversement des eaux sur les passans. (*Ordonnance du Roi, du* 24 *décembre* 1823.)

DALLES.

Lorsque des dalles incrustées au pied d'un mur, sont saillantes, elles sont considérées co me soubassement et, en conséquence, assujéties à une autorisation du Préfet de police.

DÉBAUCHES.

Les officiers de police ont le droit d'entrer jour et nuit dans les lieux notoirement livrés à la débauche. Voir *Filles publiques*.

DÉCROTTOIRS.

Il est défendu d'en établir en saillie sur la voie publique. Ceux qui existent doivent être signalés aux commissaires de police des quartiers, pour que les propriétaires soient sommés de les supprimer. (*Ordonnance du Roi, du* 24 *décembre* 1823 *et Ordonnance de Police, du* 9 *juin* 1824.)

DÉGRADATIONS.—DESTRUCTIONS.

Celui qui abat, mutile, détruit ou dégrade des monumens, statues et autres objets destinés à l'utilité ou à la décoration publique et élevés par l'autorité publique ou avec son autorisation, est passible de peines correctionnelles. (*Article* 257 *du Code Pénal.*)

Quiconque, par des voies de fait, s'oppose à la confection des travaux autorisés par le Gouvernement, ou détruit des édifices ou construction appartenant à autrui, est poursuivi judiciairement. (*Articles* 437 *et* 438 *du Code Pénal.*)

Le métier de *ravageur* ou gratteur de ruisseau, est formellement interdit dans l'étendue de la ville de Paris et autres lieux du ressort de la Préfecture de police, sous les mêmes peines que ci-dessus. (*Ordonnance de Police*, *du* 1er *septembre* 1828, *et Circulaire du Préfet de police*, *du* 16 *juillet* 1827.)

DÉGUISEMENS.

On ne peut se montrer publiquement déguisé, travesti ou masqué que pendant le carnaval.

Nul ne peut prendre de déguisement qui serait de nature à troubler l'ordre public ou pourrait blesser la décence et les mœurs.

Toute personne déguisée, travestie ou masquée, invitée par un officier de police à le suivre, doit se rendre, sur-le-champ, au bureau de police le plus voisin, pour donner les explications qui lui seraient demandées. (*Ordonnance de Police rendue chaque année pendant le tems du carnaval.*)

DÉMOLITIONS.

On ne peut procéder à aucune démolition d'édifices donnant sur la voie publique, sans autorisation du Préfet de police.

La démolition doit toujours s'opérer au marteau, san a ıttage, en faisant tomber les matériaux dans l'intérieur du bâtiment ou de la barrière qui doit y être établie. (*Ordonnance de Police, du* 8 *août* 1829.) Voir *Barrières*.

DÉNONCIATION.

Il ne faut pas confondre la dénonciation avec la délation, celle-ci porte ses coups dans l'ombre, elle s'insinue pour nuire, et n'agit que dans un intérêt privé: c'est assez pour la rendre justement odieuse.

Mais la dénonciation est toujours un devoir pour les agens de l'autorité, quand il s'agit d'un crime ou délit; elle l'est également pour les particuliers: la loi le proclame ainsi.

Tout agent qui, dans l'exercice de ses fonctions, acquiert la connaissance d'un crime ou délit, doit en donner connaissance à l'autorité du lieu, en lui transmettant tous les renseignemens qui y sont relatifs. (*Art.* 29 *du Code d'Instruction Criminelle.*)

Toute personne qui aura été témoin d'un attentat, soit contre la sûreté publique, soit contre la vie ou la propriété d'un individu, est pareillement tenue d'en donner avis à l'autorité.

Ceux qui, ayant eu connaissance de complots formés ou de crimes contre la sûreté de l'État, n'en auront pas fait la dénonciation à l'autorité, sont poursuivis par voie de police criminelle ou correctionnelle, suivant le cas. (*Art. 403 du Code Pénal.*)

DÉROULEURS SUR LES PORTS.

Il y a sur les ports de Paris, des *dérouleurs*, portant une médaille délivrée par la Préfecture de police; ils ont un chef nommé par eux et agréé par le Préfet de police; ce chef dirige les travaux et distribue les *équipes* selon les besoins de chaque port.

Le déroulage et la mise en débord des vins et autres marchandises, sont faits par les dérouleurs pourvus de médailles; le prix en est déterminé par un tarif approuvé par le Préfet de police. (*Ordonnance de Police, du 10 mai* 1811.)

DÉSERTION.—DÉSERTEURS.

Il est alloué à tout agent de police une gratification de 25 francs, pour chaque arrestation de déserteur, lorsqu'il est justifié de sa remise à l'autorité militaire. (*Art. 1er et 3 du Décret du 12 janvier* 1[illegible]1.)

Quand il s'agit de recherches à faire dans la maison d'un particulier, prévenu de recéler des déserteurs, le mandat de perquisition peut être suppléé par l'assistance du maire ou de son adjoint, ou du commissaire de police. (*Circulaire du Préfet de police, du* 20 *juin* 1823, *rappelant le Décret du* 4 *août* 1806.)

DÉTENTION.

Aucune détention, séquestration ou consignation, ne peut avoir lieu dans un corps de garde quelconque, que sur l'ordre du commissaire de police à qui est déférée l'instruction du crime ou du délit qui a motivé l'arrestation.

Les agens de police doivent faire conduire *immédiatement* dans les bureaux de police, les prévenus arrêtés par eux ou sur leur réquisition. Voir *Arrestation*.

DILIGENCES. Voir Voitures publiques.

DIMANCHES (Célébration des).

La Charte constitutionnelle de 1830, ne reconnaissant pas de religion de l'État, l'exécution de la loi du 18 novembre 1814, concernant la célébration des dimanches et fêtes, est tacitement suspendue, jusqu'à ce qu'il y ait été pourvu par une nouvelle loi.

DIVINATION.

Ceux qui font métier de deviner et pronostiquer les songes, sur la voie publique, doivent être traduits, par les agens ou préposés de l'Administration, devant le commissaire de police du quartier, comme s'agissant toujours d'une contravention prévue par l'article 475 du Code Pénal, et quelquefois d'escroquerie. Dans ce dernier cas, il faut s'attacher à trouver le plaignant qui doit être invité à se rendre chez le même commissaire de police, ainsi que les témoins s'il y en a.

Les instrumens, ustensiles ou costumes servant à cette profession doivent être saisis.

DOMICILE. Voir Asile.

DOMMAGE. Voir Avaries.

DUEL.

Tout agent ou préposé de la police doit s'opposer au duel dont il aurait connaissance, après en avoir donné avis à l'autorité supérieure du lieu.

Le duel constitue toujours une prévention d'homicide; il importe au maintien de la sécurité publique, à la conservation de la concorde qu'il est nécessaire d'entretenir parmi les citoyens, qu'il soit réprimé.

EAUX.

Il est défendu de faire écouler des eaux infectes et insalubres sur la voie publique. (*Article 471 du Code Pénal.*)

Il est également défendu de jeter des eaux quelconques sur la voie publique, ces eaux doivent être portées aux ruisseaux pour y être versées de manière à ne pas incommoder les passans. (*Ordonnance de Police, du 23 novembre* 1831.)

Pendant le tems de gelées, les teinturiers blanchisseurs, entrepreneurs de bains et tous autres établissemens où l'on emploie beaucoup d'eau, ne peuvent en laisser couler sur la voie publique, à moins que ces chefs d'établissemens ne prennent l'engagement de faire casser et relever en tas, chaque jour, les glaces provenant de leurs eaux (*Ordonnance de Police, du* 24 *novembre* 1830, *et Circulaire du Préfet de police, du* 18 *décembre* 1829.)

ÉCAILLÈRES. Voir Huîtres.

ÉCARRISSEURS ou ÉCORCHEURS.

Les voitures qui transportent les animaux morts à l'écarrissage, doivent être couvertes. Il est défendu d'écarrir des animaux dans l'intérieur de Paris, ailleurs qu'aux emplacemens à ce affectés.

Les écarrisseurs doivent enlever à la première réquisition, les animaux morts déposés sur la voie publique ; ils ne peuvent sortir de Paris, pour se rendre à la voirie de Mont-Faucon, que par les deux rues aboutissant à la barrière du Combat. (*Ordonnance de Police, du 24 août 1811.*)

ÉCHAFAUDS.

Il est défendu de construire des échafauds sur la voie publique, pour constructions ou réparations de bâtimens, sans avoir justifié d'une permission de la grande voirie; ceux montés de fond (établis sur le sol), doivent être éclairés pendant la nuit, par des appliques placées à chaque angle des extrémités, de manière à éclairer les parties en retour; les heures d'allumage sont celles de l'éclairage public. On ne peut établir des échafauds sur des boulins arc-boutés sur la voie publique, au pied du mur. (*Ordonnance de Police, du 8 août 1829.*)

ÉCHENILLAGE.

Chaque année, conformément à la loi du 26 ventose an 4, les propriétaires, fermiers ou locataires de terrains plantés d'arbres, sont tenus d'y faire écheniller les arbres, haies ou buissons, sous peine d'amende de simple police.

L'échenillage doit être terminé avant le 25 mars. (*Ordonnance de Police, du 1er mars 1829.*)

ÉCHELLES.

Toute personne faisant usage d'échelles, sur la voie publique, pour peindre ou réparer des enseignes et pour tout autre ouvrage, est tenue de placer un ou deux hommes aux pieds des échelles, pour prévenir tous accidens.

Il est défendu, sous peine d'amende de simple police, de laisser des échelles sur la voie publique, pendant la nuit. (*Ordonnance de Police, du 29 avril 1704, et Article 471 du Code Pénal.*)

ÉCHOPPES.

Il est défendu d'établir des échoppes en bois ailleurs que dans les encoignures et renfoncemens des maisons, hors de l'alignement des rues et places; elles ne peuvent être construites qu'après permission de la Préfecture.

Les échoppiers doivent tenir constamment le pourtour de leurs échoppes en état de propreté. (*Ordonnance du Roi, du 24 décembre 1823, et article 471 du Code Pénal.*)

ÉCLAIRAGE PUBLIC.

L'éclairage des rues, places, quais, etc., doit durer du jour tombant au petit jour; l'heure d'allumage et d'extinction est fixée par un tableau publié annuellement par le Préfet de police, adressé à tous les commissaires de police, aux employés spécialement chargés de ce service et affiché dans tous les corps-de-garde de Paris; ce tableau est réglé sur la variation des phases de la lune.

L'allumage se divise en allumage plein et en demi-allumage.

L'allumage plein comprend toutes les lanternes; le demi-allumage ne comprend qu'une lanterne sur deux, et aucune allumée sur les ports, quais, ponts, boulevarts et places publiques.

Les boîtes des lanternes permanentes sont marquées, en sus du numéro d'ordre, de la lettre P, et les boîtes de celles variables, seulement de la lettre initiale de l'un des cinq entrepôts de l'éclairage (comme S désignant l'entrepôt de la rue des Singes, E désignant celui de la rue des Ecuries (Petites-), etc.)

Un allumeur ne peut avoir plus de 25 lanternes à desservir; l'allumage doit se faire en 40 minutes au plus, dans toutes les parties de la ville, et être terminé au plus tard, 20 minutes après l'heure fixée par le tableau de l'éclairage.

Les allumeurs doivent être munis d'une médaille délivrée par la Préfecture de police; elle doit être portée d'une manière ostensible.

En cas de contravention à toutes ces dispositions, on doit en faire rapport, afin qu'il y soit donné suite par voie administrative, conformément au cahier des charges de l'entrepreneur général de l'illumination.

ÉCRITEAUX.

Les écriteaux indicatifs d'appartemens ou autres locaux à louer, ne peuvent être suspendus au-devant des murs de face des maisons riveraines de la voie publique, ils doivent être attachés ou appliqués contre les murs. (*Ordonnance de police du 8 août 1829.*)

ÉCRITS IMPRIMÉS, LITHOGRAPHIÉS et autres.

Quiconque veut exercer la profession de vendeur ou distributeur, sur la voie publique, d'écrits imprimés, lithographiés, gravés, ou à la main, est tenu d'en faire la déclaration à la Préfecture de police. (*Loi du* 10 *décembre* 1830.)

La publication ou distribution d'ouvrages, écrits, avis, bulletins, affiches, journaux, feuilles périodiques, imprimés ou lithographiés, ne portant pas l'indication vraie, des noms, profession et demeure de l'auteur ou de l'imprimeur, constitue un délit de police correctionnelle. (*Art.* 283 *du Code Pénal.*) Voir *Crieurs publics*.

ÉDIFICES PUBLICS. *Voir* AFFICHEURS, DÉGRADATIONS.

EFFETS PERDUS ou TROUVÉS.

Celui qui s'approprie un effet trouvé, surtout lorsqu'il en connaît le propriétaire, peut être considéré comme coupable de vol.

Tout effet trouvé, si le propriétaire n'en est pas connu, doit être déposé chez le commissaire de police du quartier, qui l'envoie à la Préfecture de police; trois ans après le dépôt, l'effet est remis à celui qui l'a trouvé, s'il n'est pas réclamé. Conséquence des articles 2279 et 2280 du Code Civil.

ÉGLISES. *Voir* CULTES, DÉGRADATIONS.

ÉGOUTS PUBLICS.

Il est défendu de pousser et de jeter dans les égouts de la ville de Paris, des pailles, fumiers, boues et autres immondices, ni aucun gravois, sous peine d'amende de simple police. (*Ordonnance de la Ville, du 23 mars* 1736.)

Les ouvriers employés au curage des égouts, sont enregistrés à la Préfecture de police; ils portent une médaille indiquant leurs noms et numéro d'inscription.

EMBARRAS SUR LA VOIE PUBLIQUE.

Les entrepreneurs, négocians, marchands et autres qui reçoivent ou expédient des marchandises, doivent faire entrer les voitures de transport dans les cours ou sous les passages des portes-cochères des maisons, magasins ou ateliers qu'ils occupent, à l'effet d'y opérer le chargement et déchargement des voitures.

A défaut de cours ou portes-cochères, ou bien si les lieux ne présentent pas les facilités convenables, on peut effectuer le chargement et déchargement sur la voie publique, en y mettant la célérité convenable.

Ces exceptions ne s'étendent pas aux entrepreneurs de diligences, de roulage, de charpentes, aux marchands en gros, ni à tous particuliers faisant un état qui nécessite de grands magasins. *(Ordonnance de Police du 8 août 1829 et Circulaire du Préfet de police du 12 février 1830.)*

L'article 471 du Code Pénal, paragraphe 4, dispose ainsi : Ceux qui auront embarrassé la voie publique, en y déposant ou y laissant, *sans nécessité*, des matériaux, etc., seront punis, etc.

L'expression *nécessité* est presque toujours le moyen de défense des contrevenans, lorsqu'ils sont traduits devant le tribunal de police. En effet, si les agens ou préposés n'établissent pas dans leurs rapports, la durée de l'embarras, pour prouver l'abus fait de la voie publique, l'excuse de *nécessité* sera presque toujours admise.

Par exemple, il ne suffit pas de constater que telles voitures ou autres objets embarrassent la voie publique sur tel point, pour que la contravention soit bien établie, l'usage de la voie publique étant permis aux habitans qui ne possèdent pas de cours ; l'on doit soigneusement relater dans les rapports le laps de tems qu'elles y ont séjourné.

Il convient donc, dans les rondes outournées, lorsqu'on remarque un embarras quelconque, de s'assurer du cas qui peut le faire tolérer, parce que cette circonstance doit être mentionnée dans le rapport (1).

ÉMEUTES. *Voir* ATTROUPEMENS.

EMBATTOIRS.

Il est défendu de construire des embattoirs sur

---

(1) On ne peut se dissimuler qu'il existe une lacune dans nos réglemens de police municipale, la règle du plus ou du moins de tems que l'on peut faire usage dé la voie publique, n'étant pas tracée.

A Londres, un acte du Parlement, appelé *The paving act*, fixe à quinze minutes la durée de tout stationnement sur la voie publique, des voitures publiques et autres.

Si un semblable règlement existait à Paris, on verrait disparaître le long stationnement des voitures de blanchisseuses, porteurs d'eau et autres, dans les quartiers les plus populeux ; dans l'état actuel des règlemens, les conducteurs échappent souvent à la pénalité, en invoquant *la nécessité*, les uns d'attendre le linge de leurs pratiques, les autres la distribution de leur eau dans les maisons, ou le chargement et déchargement ; il ne s'agit que de vérifier si leurs déclarations sont exactes.

la voie publique (C'est une tranchée dans laquelle les charrons ou maréchaux placent les roues pour les ferrer.)

ENCORBELLEMENT (Construction en.)

Les constructions en encorbellement sont celles qui portent à faux sur les corbeaux d'un mur (1).

Ces sortes de construction sont expressément prohibées dans Paris. (*Ordonnance du Roi, du 24 décembre* 1823.)

ENCHÈRES PUBLIQUES ou ENCANS.

Aucune vente aux enchères ou à l'encan ne peut être faite sans la présence d'un commissaire-priseur.

Quiconque entrave ou trouble la liberté des enchères, par voies de fait, violences ou menaces, se rend coupable d'un délit de police correctionnelle. (*Article* 412 *du Code Pénal.*)

ENFANS.

L'abandon *volontaire* d'un enfant au-dessous de l'âge de sept ans, est un crime ou un délit; si l'abandon ou délaissement a eu lieu dans un endroit solitaire, et qu'il en soit résulté des bles-

---

(1) Les corbeaux sont des pierres de taille en saillie, soutenant des poutres.

sures ou la mort, c'est un crime; si l'abandon a lieu dans un endroit non solitaire, c'est un délit. (*Articles* 352, 353 *et* 354 *du Code Pénal.*)

Dans l'un comme dans l'autre cas, faire conduire l'enfant chez le commissaire de police du quartier, avec un rapport énonçant les renseignemens recueillis, tant de la bouche de l'enfant, s'il peut parler, qu'auprès des personnes du voisinage du lieu de l'abandon.

Les coupables d'enlèvement, de recélé ou de suppression d'un enfant, de substitution d'un enfant à un autre, ou de supposition d'un enfant à une femme qui n'est pas accouchée, doivent être dénoncés à l'autorité, dans l'intérêt de la vindicte publique. (*Art.* 345 *du Code Pénal.*)

ENFONCEMENS DU SOL DE LA VOIE PUBLIQUE.

Les enfoncemens et excavations du sol de la voie publique, doivent être signalés sur-le-champ aux commissaires de police des quartiers, afin qu'ils puissent prescrire l'établissement de barrières autour de ces dégradations, pour prévenir les accidens et pourvoir à leur éclairage pendant la nuit.

ENSEIGNES. Voir SAILLIES.

ENTERREMENS. Voir CONVOIS.

ENTREPRENEURS DE TRAVAUX. Voir COUVREURS, MATÉRIAUX.

ÉPAVES.

On nomme épaves les planches, bois, meubles et autres objets mobiliers entraînés par les eaux.

Les objets de cette nature et recueillis dans ce cas, doivent être mis à la disposition des commissaires de police riverains, pour la conservation des droits de qui il appartient, à peine de poursuites correctionnelles envers les détenteurs qui n'en feraient pas leur déclaration auxdits fonctionnaires.

ÉPIZOOTIES. Voir BESTIAUX, CHEVAUX.

ESCALADE ou EFFRACTION.

On peut repousser par la force, l'escalade ou l'effraction des clôtures, murs ou entrées des maisons, tentée, pendant la nuit, sans se rendre coupable de crime ni délit. (*Article* 328 *du Code Pénal.*)

ESTAMPES. Voir GRAVURES.

ÉTAIES.

Les pièces de bois placées debout pour soutenir les murs d'une maison en péril, ou en réparation, sont des étaies.

On n'en peut pas établir sur la voie publique, sans une permission du Préfet de police.

Ils doivent être éclairés, pendant la nuit, aux frais de l'entrepreneur ou du propriétaire. Voir *Barrières*, *Échafauds*.

ÉTALAGES SÉDENTAIRES.

Il est défendu de former sur la voie publique, aucun étalage quelconque de marchandises, sans être pourvu d'une permission spéciale, délivrée par le Préfet de police.

Il y a étalage chaque fois que les marchandises sont exposées en vente, même momentanément sur le sol des rues, places, boulevarts, et autres communications publiques, soit à nu, soit sur des tables, voitures, mannes et autres appareils.

Toutes les permissions antérieures au 1er avril 1831, sont nulles.

Les permissions sont personnelles et ne peuvent, en conséquence, être prêtées, cédées, louées, ni vendues.

En cas de maladie, l'étalagiste a la faculté de fair tenir temporairement son étalage, par une personne de son choix, après avoir obtenu la permission du Préfet.

Tous étalagistes, à l'exception des marchands de menus comestibles, doivent être pourvus de patente ou d'un certificat d'exemption délivré par l'Administration des contributions, sous peine de saisie des marchandises.

Ils sont tenus, à toute réquisition des agens, de représenter leurs permissions.

L'étalagiste ne peut vendre que les marchandises indiquées en sa permission, et ne doit occuper que l'emplacement qui lui est assigné.

Il doit entretenir constamment la propreté au pourtour de son étalage, et nettoyer en se retirant, la place qu'il occupe.

Aucun étalagiste ne peut se prévaloir de sa permission, pour établir *un auvent* ou *une échoppe* sur l'emplacement qui lui est accordé.

Tout étalage doit être exactement renfermé dans les dimensions fixées par sa permission, et être disposé de manière à être facilement et promptement enlevé; on ne peut en former aux encoignures des rues.

L'étalagiste dont la place demeure vacante pendant un mois, est censé y avoir renoncé.

Les décrotteurs, savetiers, rémouleurs, rempailleurs de chaises et tous autres exerçant leur industrie à poste fixe sur la voie publique, sont tenus de se pourvoir de permission, pour y occuper des emplacemens. (*Ordonnance de police, du 1er octobre* 1830.)

Il est aussi défendu d'exposer en vente des marchandises aux portes des maisons où il est procédé à des ventes de mobiliers. Il est néanmoins indispensable de tolérer auprès de ces maisons, le dépôt provisoire des objets achetés aux ventes, jusqu'à ce que les acheteurs puissent les faire enlever; c'est un embarras que les dispositions des localités rendent le plus ordinairement inévitable, et il ne s'agit que d'empêcher les abus, en s'opposant à ce qu'il ne soit établi des marchandises sur le pavé de la rue, pour les annoncer et les revendre sur place. (*Circulaire du Préfet de police, du* 16 *mars* 1829, *et Ordonnance précitée.*)

Une décision du Préfet de police, du 22 février 1826, prohibe tout étalage mobile (ou sédentaire), dans toute l'étendue des rues Saint-Denis et Saint-Martin; en conséquence, les détenteurs de permissions doivent être renvoyés de leurs places, si ces permissions sont d'une date antérieure au 1er avril 1831.

ÉTALAGES DES MARCHANDS EN BOUTIQUE.

Il faut une permission du Préfet de police,

pour établir un étalage de marchandises quelconques, au dehors des boutiques à Paris.

La saillie permise à compter du nu du mur, ne peut avoir plus de seize centimètres (environ six pouces).

Les étalages formés de tonneaux, caisses, tables, châssis, étagères, meubles et autres objets journellement déposés sur le sol de la voie publique, sont expressément interdits.

Il peut être formé des étalages en pièces d'étoffes disposées en draperies et guirlandes, mais sans que ces étalages puissent descendre plus bas que trois mètres au-dessus du sol de la voie publique, et sans que les crochets, destinés à supporter ces étalages, aient plus de seize centimètres de saillie. (*Ordonnance du Roi, du* 24 *décembre* 1823, *et Ordonnance de Police*, *du* 9 *juin* 1824.)

ÉTRANGERS.

Les étrangers qui voyagent dans l'intérieur de la France, ou qui y résident sans y avoir une mission des puissances neutres ou amies du Gouvernement français, ou sans y avoir acquis le titre de citoyen, sont placés sous la surveillance spéciale de l'autorité; elle peut leur retirer leurs passe-ports et leur enjoindre de sortir du département de la Seine, et même du territoire français, si leur présence est jugée susceptible de troubler l'ordre et la tranquillité publique. (*Article 7 de la loi du 28 vendémiaire an 6, et Ordonnance de Police, du 19 novembre 1831.*)

Tout étranger à la France, même à la ville de Paris, doit être pourvu de papiers de sûreté, attestant son individualité et son domicile, tels que permis de séjour, cartes de sûreté et d'hospitalité, ou passe-ports.

ÉTRÉSILLONS.

Les étrésillons sont des pièces de bois placées horizontalement dans les baies de croisées ou placées en travers d'une rue, pour soutenir des murs en péril; dans l'un comme dans l'autre cas, il faut une permission de l'autorité pour en établir.

ÉVASIONS.

Quiconque, étant préposé à la garde d'un prévenu ou détenu, favorise l'évasion ou la tentative d'évasion, ou laisse commettre l'évasion par négligence, est passible de peines correctionnelles. (*Article 240 et suivans du Code Pénal.*)

ÉVIERS ou GARGOUILLES.

Les éviers pour l'écoulement des eaux ménagères, doivent être établis de manière que leur orifice extérieur ne s'élève pas à plus d'un décimètre au-dessus du sol de la voie publique; s'ils sont saillans, il faut une permission du Préfet de police. (*Ordonnance du Roi, du 24 décembre 1823.*)

FAMINE. Voir GRAINS.

FAGOTS.
FALOURDES. } Voir BOIS DE CHAUFFAGE.

FAUSSE-MONNAIE.

Dans le cas d'émission de fausse-monnaie, il faut, en saisissant les inculpés, ne pas leur donner le tems de communiquer avec qui que ce soit, et les démunir de tout ce qui serait trouvé sur eux. Voir *Arrestation*, *Flagrant délit.*

FENÊTRES.

Il est défendu à tous propriétaires et locataires de déposer et laisser déposer, sous aucun prétexte, sur les fenêtres, les toits, les entablemens, gouttières, terrasses, murs et autres lieux élevés des maisons, des caisses, pots à fleurs, vases et autres objets pouvant nuire par leur chute.

Ces objets ne peuvent être déposés que dans l'intérieur des balcons et sur les appuis des croisées, garnies de barres de fer scellées dans le mur, avec grillage en fer maillé, pour prévenir la chute des objets.

Tous préaux et jardinets formés sur les toits et murs de face, sont formellement défendus.

Ceux qui, en arrosant des fleurs existant sur les fenêtres, laissent couler de l'eau sur la voie publique, commettent une contravention de police. (*Ordonnance de Police, du* 1er *avril* 1818.)

Il est défendu de jeter par les fenêtres, de l'eau, de l'urine, des immondices, ordures et autres objets nuisibles. Conséquemment on ne doit point secouer les paillassons ou tapis de pied, par les fenêtres, sur la rue, parce que la poussière qui en sort incommode les passans et les habitans du voisinage. (*Article* 471 *du Code Pénal*.)

Dans un cas semblable, le Tribunal de Police de Paris a fait l'application de cet article, le 9 octobre 1827, dans l'affaire Thierry.

FERRAILLE. — FERRAILLEURS.

La ferraille ne peut être vendue sur la voie publique, ailleurs que sur les lieux à ce affectés; ce sont : le marché du Temple et le quai de la Mégisserie, dit de la Ferraille (*Ordonnance de Police, du* 25 *juin* 1813.)

Les ferrailleurs ne peuvent vendre de clés

neuves ou vieilles, sans la serrure ; ils ne peuvent non plus acheter de vieux plomb provenant de bâtimens. (*Ordonnance de Police*, *du* 8 *novembre* 1780.)

FÊTE DU ROI. }
FÊTES PUBLIQUES. } Voir Cérémonies.

FIACRES. Voir Carrosses.

FILLES PUBLIQUES.

L'administration de la police tolère un certain nombre de maisons de prostitution, dans Paris, parce qu'il est reconnu, en fait, qu'il n'est pas en son pouvoir d'anéantir cette plaie de l'ordre social.

Les règlemens rendus à ce sujet n'ont donc pour but que de réprimer ses abus, ses dangers et ses scandales.

Ces règlemens portent, qu'aucune fille publique ne peut stationner dans les rues, sur les boulevarts, places et carrefours, pour y provoquer les passans à la débauche ; qu'elles ne peuvent s'y réunir et y former des rassemblemens ; que celles qui habitent les maisons de prostitution tolérées ne peuvent stationner à la porte, ni marcher plusieurs ensemble dans les rues ; qu'elles ne peuvent circuler qu'isolément pour se rendre dans les maisons de débauche, après l'heure fixée pour l'allumage des lanternes publiques et jusqu'à onze heures du soir; qu'enfin les abords du Palais-Royal, des Tuileries, du Luxembourg et du Jardin-du-Roi, leur sont interdits.

La mise des filles publiques doit être assez décente pour ne point choquer les convenances publiques; elles doivent s'abstenir de proférer aucun propos obscène, lorsqu'elles circulent sur la voie publique.

Les filles isolées, c'est-à-dire, celles qui n'appartiennent pas aux maisons de prostitution, doivent se renfermer chez elles, et ne peuvent circuler sur la voie publique que pour les besoins de la vie commune et pour se rendre dans les maisons de tolérance; il ne leur est permis, sous aucun prétexte, de s'établir, non plus, à poste fixe, sur un point quelconque, et de s'y donner rendez-vous.

Il est défendu à toutes les prostituées, d'appeler les passans de leurs fenêtres ou au travers de leurs vîtres.

Il importe, dans l'intérêt de l'ordre, de la décence publique et pour cacher aux regards des familles qui habitent le voisinage de ces maisons de libertinage, d'enjoindre aux maîtresses de maison, de fermer leurs volets ou persiennes, ou de dépolir leurs carreaux, ou d'y placer intérieurement des rideaux cloués par les extrémités, afin que rien ne soit aperçu du dehors.

On doit aussi vérifier si elles ne reçoivent pas chez elles, aucune fille ou femme qui ne serait point enregistrée à la Police.

Les Officiers de paix peuvent entrer en tous tems, de jour et de nuit, dans les maisons de débauche, pour y prendre connaissance des désordres; mais, dans le cas, où voulant constater une infraction, ou opérer l'arrestation d'une fille, ils éprouveraient de la résistance, ils doivent se retirer devant le commissaire de police du quartier.

Les préposés de l'Administration doivent également exercer leur surveillance sur les estaminets, les cabarets et autres débitans de boissons où l'on reçoit les filles publiques, lesquels sont de véritables lieux de débauche.

Toutes les filles publiques trouvées en contravention à l'une des dispositions qui précèdent, doivent être arrêtées et conduites directement à la Préfecture de police, accompagnées d'un rapport énonciatif du motif de l'arrestation. (*Circulaire du Préfet de police, des* 14 *juin* 1823, 10 *février* 1828, 27 *avril* 1829 *et arrêté du* 7 *septembre* 1830.)

A l'égard des filles publiques insoumises, c'est-à-dire celles qui ne sont pas enregistrées à la Préfecture de police, elles doivent être conduites chez les commissaires des quartiers où elles sont arrêtées, afin qu'il soit dressé procès-verbal de leur arrestation.

Dans le cas où une fille poursuivie, par des agens, se retirerait dans un lieu public, si le chef de l'établissement s'oppose à l'arrestation, il faut se conformer aux principes établis à l'article : *Arrestation*.

FLACHES.

Les flaches sont des pavés écrasés par les roues des voitures, ou enfoncés; elles doivent être signalées à la Préfecture de police.

FLAGRANT DÉLIT

Il y a deux sortes de flagrant délit, le flagrant délit, proprement dit, et le cas assimilé au flagrant délit.

Le flagrant délit est celui qui se commet actuellement ou qui vient de se commettre. C'est encore un flagrant délit, lorsque le prévenu est poursuivi par la clameur publique, ou trouvé nanti d'objets qui établissent contre lui une prévention, pourvu que ce soit dans un tems voisin du délit.

Le cas assimilé au flagrant délit, est celui où, s'agissant d'un délit non flagrant, commis dans une maison, le chef de cette maison requiert de le constater. (*Article 41 et 46 du Code d'Instruction Criminelle.*) Voir *Clameur publique* (1).

FONCTIONS PUBLIQUES.

Quiconque, sans titres, s'immisçant dans des fonctions publiques, civiles ou militaires, ou fait les actes d'une de ces fonctions, est puni de peines correctionnelles.

Celui qui porte publiquement un costume, un uniforme, une décoration qui ne lui appartient pas, ou s'attribue des titres royaux qui ne lui ont pas été légalement conférés, encourt les même peines. (*Article 258 et 259 du Code Pénal.*)

FONTAINES PUBLIQUES.

L'ordre à observer aux fontaines publiques, et tout ce qui peut y porter préjudice ou nuire à la faculté d'y puiser, concerne la Police.

Lorsqu'elles cessent de couler, les préposés de l'administration doivent en donner avis à la Préfecture de police.

---

(1) Dans le cas de flagrant délit ou de clameur publique, et lorsque le fait est de nature a entraîner une peine afflictive ou infamante, les officiers et agens de police peuvent arrêter même un Ministre, un Pair, un Député, etc. (*Art. 44 de la Charte constitutionnelle*).

Défense d'y laver du linge et autres objets, d'y abreuver des chevaux et autres animaux, de faire, ni déposer des ordures auprès desdites fontaines, à peine d'amende de simple police. (*Ordonnance de Police, de* 1369, *non abrogée; Décisions du Préfet de police, des* 18 *juillet* 1806 *et* 21 *septembre* 1827.)

Les porteurs d'eau à bretelles ou à la sangle, peuvent puiser aux fontaines publiques, mais les particuliers doivent y puiser avant eux.

Hors les cas d'incendie, les porteurs d'eau à tonneau, ne peuvent y puiser. (*Ordonnance de police du* 24 *octobre* 1829.) Voir *Bornes - Fontaines.*

FORÇATS LIBÉRÉS.

Les forçats et autres repris de justice, ne peuvent résider à Paris, Saint-Cloud et autres lieux où il existe des Palais Royaux, sans une autorisation spéciale du Ministre de l'intérieur. (*Décret du* 19 *ventose an* 13.)

Ils ne peuvent quitter le lieu de la résidence qui leur a été assigné, sans l'autorisation du Préfet de police, à Paris. (*Décret du* 17 *juillet* 1806.)

FORCE ARMÉE. Voir Corps-de-Garde.

FORTS DANS LES HALLES ET MARCHÉS.

Les forts sont distingués par une plaque aux armes de la ville de Paris, qu'ils doivent porter attachée à la veste, du côté droit.

Ils sont placés sous les ordres de l'inspecteur général des halles et marchés.

Ils font exclusivement la décharge et le rangement des marchandises, tant sur le carreau des Innocens, que sur le marché aux Pommes de Terre et aux Ognons, rue de la Grande Friperie et sur le marché aux Pois, qui se tient pendant la saison, à la pointe Saint-Eustache et dans les emplacemens et rues adjacentes.

Ils font aussi exclusivement la décharge, la rentrée et le rangement des marchandises dans les halles clôses, telles que celles de la Volaille, aux Beurres, aux Toiles et Draps et aux Cuirs. (*Ordonnance de Police, du* 13 *mai* 1831.) Voir *Porteurs dans les halles et marchés.*

FOSSÉS DES BOULEVARTS.

Voir BOULEVARTS.

FOSSES D'AISANCES.

Les entrepreneurs de vidange sont tenus de déposer leurs voitures, tonneaux et autres ustensiles, aux environs de la voirie de Mont-Faucou, et du port d'embarquement de la Villette, ainsi que dans les autres endroits désignés par le Préfet de police, sans qu'il puisse en être formé aucun dépôt dans l'intérieur de Paris.

Aucune fosse d'aisances ne peut, sous quelque prétexte que ce soit, être ouverte, que par un entrepreneur de vidange.

Le travail des vidangeurs commence à dix heures du soir et finit à sept heures du matin, en hiver (du 1er octobre au 31 mars); il commence à onze heures du soir et finit à cinq heures du matin, en été (du 1er avril au 30 septembre), sauf les exceptions particulières, en obtenant une autorisation spéciale.

Dans le quartier des halles et marchés, le travail de la vidange peut être commencé avant l'heure fixée, suivant la permission qui détermine cette heure.

Quant aux appareils de fosses mobiles autorisées, ils peuvent être enlevés et transportés pendant le jour.

Les tinettes ou tonneaux du nouveau modèle, doivent être hermétiquement fermés et placés debout dans les voitures de transport, de manière que la bonde soit toujours dans la partie supérieure.

Les voitures de vidangeurs ne peuvent circuler dans Paris, chargées ou non chargées, du

1er octobre au 31 mars, avant dix heures du soir, ni après huit heures du matin.

Et du 1er avril au 30 septembre, avant onze heures du soir et après six heures du matin.

Elles doivent être munies, sur le devant, d'une lanterne allumée, portant en gros caractères, sur les vitres, le numéro d'ordre assigné à chaque voiture de vidange.

Les nom et demeure de l'entrepreneur doivent être inscrits en gros caractères sur la traverse du devant des voitures.

Il doit être placé une lanterne allumée, à la porte de chaque maison où est établi un atelier de vidangeur.

Les entrepreneurs faisant usage de grosses tonnes, sont tenus d'en fermer les bondes de déchargement, au moyen d'une bande de fer transversale, fixée à demeure au tonneau, par l'une de ses extrémités et à l'autre par un cadenas.

L'entrée dans Paris est interdite aux grosses tonnes dont les bondes de déchargement ne sont point fermées, comme il est dit ci-dessus.

Les grosses tonnes trouvées en contravention aux dispositions précitées, doivent, après avoir été déchargées à la voirie, si elles sont pleines, être conduites à la fourrière établie rue du Faubourg-Saint-Martin, n° 239, hôtel du Chaudron, pour y rester jusqu'à ce qu'elles soient pourvues de cadenas.

Un préposé de l'administration est chargé d'ouvrir les cadenas des grosses tonnes, et de les refermer après le déchargement à la voirie de Mont-Fauçon.

Il est défendu à tous conducteurs de voitures de vidanges, de s'écarter, sans nécessité reconnue, de la ligne qui, du lieu de départ, conduit directement à la voirie de Mont-Faucon, ou au port d'embarquement de la Villette.

L'entrée et la sortie des voitures de vidanges ne peuvent avoir lieu que par la barrière du Combat, à l'exception des voitures chargées de tonneaux du nouveau modèle et d'appareils de fosses mobiles, qui peuvent passer par la barrière de Pantin.

Après le travail de chaque nuit, et avant de quitter l'atelier, les vidangeurs sont tenus de laver les emplacemens qu'ils ont occupés.

Il leur est défendu de puiser de l'eau avec les sceaux destinés aux vidanges.

Il est défendu de répandre des matières fécales sur la voie publique, d'en jeter dans les égouts, ou dans la rivière. (*Arrêté du bureau central du 1er thermidor an 7, et Ordonnance de Police du 4 juin 1831.*)

FOUILLES SUR LA VOIE PUBLIQUE.

Il est défendu de faire aucune fouille ni tranchée sur la voie publique, sans une autorisation spéciale du Préfet de police.

Pendant les travaux, lorsqu'il s'agit d'établissemens ou de réparations des conduites de la ville de Paris, ou de tuyaux, pour la distribution du gaz hydrogène, les entrepreneurs doivent pourvoir à la sûreté des passans, soit en entourant les ouvrages avec des barrières, soit en les faisant éclairer pendant la nuit, pour éviter les accidens.

Quand il ne s'agit que de travaux dans le cas d'être terminés dans les quarante-huit heures, les entrepreneurs ne sont tenus qu'à une simple déclaration devant le commissaire de police du quartier où s'effectuent les fouilles ou tranchées.

Les remblais doivent être pilonnés avec soin, et le pavé bloqué de telle sorte, qu'il se maintienne partout à la hauteur du pavé environnant. (*Ordonnance de Police, du* 8 *août* 1829.)

FOURRAGES.

Il est défendu d'aller au-devant des bateaux et des voitures de foin, d'en arrher, acheter, ni empêcher leur arrivée aux ports et marchés ;

le tout à peine d'amende et de confiscation du foin.

Les fourrages venant à Paris, par terre, doivent être vendus aux Marchés du faubourg Saint-Martin, du faubourg Saint-Antoine et de la rue d'Enfer.

Ceux arrivés par eau, doivent être vendus aux ports de la Rapée, de la Grève, de la Tournelle et de la Grenouillère.

Il est défendu d'en vendre partout ailleurs, notamment dans les rues adjacentes auxdits marchés et ports.

Les foins et pailles qui arrivent à destination particulière, doivent y être conduits directement et sans retard; les conducteurs doivent être munis des lettres de voitures, sur papier timbré, et datées du lieu de départ, faute de quoi les voitures trouvées en circulation, sont conduites au marché le plus voisin, et procès-verbal dressé contre le contrevenant.

Ces lettres de voitures peuvent être sur papier libre, pour les propriétaires qui font transporter chez eux le fourrage de leur cru.

Les bottes de fourrages mises en vente, doivent être de bonne qualité, sans mélange de mauvais foin, de lisières, ni d'autres objets, à peine de confiscation.

Depuis la récolte, jusqu'au 1er octobre, la

botte de foin, trèfle, sainfoin et luzerne *nouveau*, doit peser au moins six kilogrammes et demi (environ treize livres.)

Du 1er octobre au 1er avril, elle doit peser au moins cinq kilogrammes et demi (environ onze livres.)

Et du 1er avril, jusqu'à la récolte, au moins cinq kilogrammes (dix livres.)

La botte de foin, trèfle, sainfoin, luzerne *vieux*, doit peser, en tout tems, cinq kilogrammes (dix livres.)

La botte, doit aussi peser, en tout tems, cinq kilogrammes.

Les bottes, qui n'ont pas le poids requis, ou qui contiennent des fourrages de mauvaise qualité, sont saisies et mises à la disposition du commissaire de police du quartier, pour en être dressé procès-verbal.

Les charrettes, chargées de fourrages, trouvées stationnant sur la voie publique, dans d'autres endroits que ceux désignés pour la vente des fourrages, doivent être arrêtées et conduites devant le commissaire de police du quartier, comme embarrassant la voie publique.

Aucune voiture de fourrages vendus, ne peut sortir des marchés, sans que le conducteur soit muni d'un bulletin de vente délivré par le préposé.

Il est défendu à toute personne fréquentant les marchés, d'y allumer du feu, d'y avoir des chaudrons à feu, sans être couverts de grillages de fer et d'y fumer.

Il est également défendu d'entrer dans les bateaux de foin, de monter sur les charrettes chargées de foin ou de paille et même d'approcher desdits bateaux ou charrettes, avec une pipe allumée, à peine d'amende et de dommages intérêts, en cas d'incendie. (*Ordonnance de Police, des* 12 *janvier* 1816, 30 *octobre* 1829 *et* 6 *février* 1830.)

FOURRIÈRE DES ANIMAUX ET CHARRETTES.

Il n'y a pour Paris, qu'une seule fourrière établie par la Préfecture de police, rue Guénégaud, n° 31 ; on y reçoit à toute heure de jour et de nuit, les animaux et voitures abandonnés ou trouvés en contravention.

L'établissement d'un dépôt unique et central, a pour but de faciliter aux propriétaires la recherche des animaux qu'ils ont perdus ou qui peuvent leur avoir été volés; il offre aussi à l'autorité les moyens de faire surveiller les objets déposés pour éviter leur dépérissement, et la met à portée de les faire vendre en tems utile et avant que les frais de garde et nourriture en aient absorbé la valeur.

Dans aucune circonstance, et sous quelque prétexte que ce soit, il n'est payé d'indemnité aux agens qui amènent une voiture ou un cheval en fourrière.

Si ces agens se trouvent dans l'obligation de faire amener à la fourrière les voitures, les chevaux ou autres animaux trouvés par eux, en contravention, ce qui arrive toujours lorsqu'ils se trouvent en ronde de nuit, les bureaux de police n'étant pas ouverts, l'homme de peine ou le commissionnaire qu'ils emploient à cet effet, reçoit une rétribution invariablement fixée à 1 franc 50 centimes, pour toute espèce de voitures. (*Arrêté du Préfet de police*, *du* 25 *mars* 1831.)

FRIPIERS. Voir ACHATS D'OBJETS VOLÉS.

FRUITS DES QUATRE SAISONS.

La surveillance des agens doit être exercée d'une manière active sur les marchands de fruits regratiers-ambulans, et notamment sur ceux qui se servent de charrettes à bras, et stationnent habituellement dans les carrefours, au coin des rues et dans le voisinage des fruitiers en boutiques et des marchés.

C'est principalement dans la saison des cerises, du raisin, des poires et des pommes, que ces embarras ont lieu.

Il est défendu aux marchands et cultivateurs qui font le commerce en gros, de porter leurs fruits ailleurs que sur les marchés à ce affectés, de vendre ou recevoir des arrhes, dans les rues, dans les auberges et partout ailleurs.

Il est également défendu aux acheteurs d'aller au-devant des marchandises, d'en arrher ou acheter ailleurs que sur les marchés; le tout à peine de confiscation. (*Ordonnance de Police, du* 17 *juin* 1778.)

FRAUDE.

Ceux qui arrêtent ou concourent à arrêter des colporteurs ou vendeurs de tabac de fraude, reçoivent une prime de quinze francs par chaque personne arrêtée. (*Ordonnance royale, du* 31 *décembre* 1817.)

Ceux qui arrêtent aussi des fraudeurs de l'octroi de Paris, porteurs de liquides ou autres objets assujétis aux droits d'entrée, participent aux gratifications accordées aux employés de l'octroi.

Les denrées et autres objets saisis doivent être remis à l'administration de l'octroi, pour être confisqués et les moyens de transport saisis jusqu'à nouvel ordre. (*Loi du* 28 *avril* 1816.)

FUITES D'EAU.

Lorsqu'une fuite d'eau se manifeste sur la voie publique, il doit en être fait rapport à la Préfecture de police.

FUMIER.—LITIÈRE.

Pour répandre du fumier-litière sur la voie publique, afin de garantir les malades du bruit des voitures, il faut une permission du commissaire de police du quartier, laquelle n'est accordée qu'à la charge de le renouveler au moins tous les trois jours, et d'en enlever l'ancien au fur et à mesure. (*Décision du Préfet de police, du* 4 *fructidor an* 12.) Voir *Charrettes.*

FUSÉES. Voir ARTIFICES.

GALERIES SERVANT DE PASSAGES.

Les galeries du Palais Royal, de la rue de Rivoli, Castiglionne et autres, sont assimilées aux passages publics et soumises aux mêmes réglemens, en ce qui concerne les saillies d'enseigne et autres; aucun objet ne doit y entraver la circulation. (*Ordonnance de Police, des* 20 *août* 1811, 16 *août* 1819 *et Circulaire du*

Préfet de police, du 20 août 1826.) Voir *Passages publics.*

GARÇONS-BOULANGERS. Voir BOULANGERS.

GARDE NATIONALE.

Les armes confiées par l'État à la garde nationale, sont marquées d'un poinçon.

Les revendeurs ne peuvent les acheter, sans se rendre coupables de complicité d'abus de confiance. (*Article* 408 *du Code Pénal.*)

GARGOUILLES. Voir EVIERS.

GAZ HYDROGÈNE.

L'établissement de tuyaux dans les rues pour les conduites du gaz hydrogène est soumis aux mêmes règles que le placement des conduites d'eau. (*Circulaire du Préfet de police, du* 8 *janvier* 1822.) Voir *Fouilles ou tranchées.*

GAZON. Voir BOULEVARTS, CHAMPS-ÉLYSÉES.

GLACES.

Pendant le tems de neiges et de gelées, les propriétaires ou locataires, sont tenus de balayer la neige et de casser les glaces au devant de leurs maisons, boutiques, cours, jardins et autres emplacemens, dont le nettoyement est à leur charge, jusques et compris la moitié du ruisseau; ils doivent mettre les neiges et glaces en tas, en se conformant à ce qui est prescrit pour les boues.

Dans les tems de verglas, ils doivent jeter des cendres, du sable ou des gravois sur la voie publique.

On ne peut déposer dans les rues, aucunes neiges et glaces provenant des cours ou de l'intérieur des habitations. (*Ordonnance de Police, du 24 novembre* 1830).

L'entrepreneur du nettoyement de Paris, est obligé, aux termes de l'article 6 de son cahier des charges, de répandre du sable en quantité suffisante, lors des gelées ou verglas, sur les ponts, ainsi que sur les traverses et sur les parties montueuses des boulevarts et quais.

L'infraction à cette dernière disposition doit être constatée par des rapports, sur le vu desquels l'Administration opère, envers l'entrepreneur, les retenues spécifiées audit cahier des charges.

GIBIER ET VOLAILLE.

Le colportage du gibier et de la volaille, est défendu dans Paris.

Les marchandises de cette espèce, doivent être saisies et mises à la disposition du commissaire de police du quartier où la contravention a eu lieu, pour être ensuite transportées au marché à la volaille.

Il est défendu d'aller au-devant des voitures chargées de gibier et volaille destinées à l'approvisionnement de Paris, d'en déposer dans les maisons particulières, d'en arrher ou d'en acheter, à peine d'amende et de saisie. (*Ordonnances de Police, des* 25 *février* 1811, 20 *avril* 1820 *et Circulaire de Police, du* 23 *mai même année.*) Voir *Animaux malfaisans.*

GOUTTIÈRES SAILLANTES.

On ne peut établir, dans Paris, aucune gouttière saillante donnant sur la voie publique. (*Ordonnance du Roi, du* 24 *décembre* 1823.)

Les propriétaires des maisons bordant la voie publique, sont tenus de faire établir des chéneaux ou gouttières sous l'égout des toits, afin d'en recevoir les eaux qui doivent être conduites jusqu'au sol, au moyen de tuyaux de descente appliqués le long des murs. (*Ordonnance de Police, du* 30 *novembre* 1831.) Voir *Tuyaux de descente.*

GRAINS ET GRENAILLES.

Il est défendu de colporter et vendre, dans

Paris, des grains et grenailles (1), sur la voie publique, ailleurs que dans les marchés à ce affectés. (*Ordonnance de Police, du 12 décembre* 1821.)

GRAVURES.

Toute publication ou distribution de gravures, dessins ou lithographies, ne portant pas de nom d'auteur ou d'imprimeur, constitue un délit de police correctionnelle. (*Article* 283 *du Code Pénal.*)

GRAVOIS ET AUTRES IMMONDICES.

Les gravois et immondices de toute espèce provenant de démolitions ou réparations, ne doivent être déposés sur la voie publique, que sous l'autorisation préalable du commissaire de police du quartier, et ne doivent pas rester en dépôt dans la rue, pendant la nuit; on ne doit pas en déposer plus d'un tombereau à la fois.

Cependant, si des circonstances imprévues empêchaient d'enlever ces gravois, l'entrepreneur devrait se pourvoir d'une permission du

---

(1) Par grains ou grenailles, il faut entendre orge, avoine, seigle, vesce, pois secs, lentilles, haricots, etc.

commissaire de police, pour les y laisser en dépôt, pendant la nuit, à la charge de les éclairer convenablement. (*Ordonnances de Police, des 8 août* 1829 *et* 23 *novembre* 1831.) Voir *Terres*.

De ce que des gravois ou des immondices sont déposés devant une maison, il ne s'ensuit pas que les habitans de cette maison soient les auteurs de cette contravention, le dépôt peut être fait par des habitans du voisinage; ce n'est donc qu'en prenant des informations et en se livrant à quelques recherches, que l'on parvient à découvrir le contrevenant.

GRILLES DE BOUTIQUES.

Il ne peut être établi de grilles de boutiques saillantes, sans une permission du Préfet de police; cette saillie ne peut excéder seize centimètres. (*Ordonnance du Roi, du* 24 *décembre* 1823.)

HABILLEMENS MILITAIRES.

Il est défendu aux fripiers, brocanteurs et à tous particuliers, d'acheter aucune partie de l'habillement des militaires, comme aussi d'en prendre en gage. (*Loi du* 28 *mars* 1793, *et Ordonnance du Roi*, *du* 24 *juillet* 1816.)

HALLES ET MARCHÉS.

Il est défendu d'allumer du feu dans les halles et marchés.

Aucune voiture de louage ou de transport de marchandises, ne peut traverser les halles du centre de Paris, avant dix heures du matin, en tout tems. (*Ordonnance de Police, du 4 juin* 1811.)

Il est défendu aux marchands de stationner ailleurs que sous les abris du Marché des Innocens, de la Verdure, du Légat, et de la Marée.

Les regrattiers et autres qui vendent sur éventaires, mannes, mannettes, etc., ne peuvent stationner à poste fixe, sur aucun point de la voie publique. (*Ordonnance de Police, du* 24 *mai* 1831.)

HANNETONS.

La destruction de cet insecte nuisible à la végétation, est encouragée par l'autorité, qui accorde 75 centimes par décalitre de hannetons ramassés dans le département de la Seine, et apportés à la Préfecture du département. (*Arrêté de cette Préfecture, en date du* 18 *germinal an* 7.)

HAQUETS. Voir CHARRETTES.

HARDES (Vieilles.)

Les vieilles hardes, le vieux linge, les chiffons, la ferraille, les vieux souliers et autres objets semblables, ne peuvent être vendus en étalage sur la voie publique, mais seulement au marché du Temple. (*Ordonnance de Police, du 25 juin* 1813.)

HOMICIDE.

Quiconque a recélé ou caché le cadavre d'une personne homicidée, ou morte des suites de coups ou blessures, encourt des peines correctionnelles. (*Art.* 459 *du Code Pénal.*)

HOPITAUX et HOSPICES.

Les hôpitaux et hospices reçoivent à toute heure de jour et de nuit, les personnes blessées ou gravement malades, dont l'état réclame les prompts secours de l'art; ainsi, lorsque l'on ne peut trouver sur-le-champ un commissaire de police, et que la vie du blessé ou du malade est en danger imminent, l'agent de police qui se trouve sur les lieux, doit, dans l'intérêt de l'humanité, le faire immédiatement transporter à l'hôpital le plus voisin, sauf à en rendre compte ensuite au commissaire de police du quartier où a été trouvé le blessé ou le malade.

Un préjugé trop accrédité parmi le peuple, et qui a coûté la vie à plus d'un individu; c'est qu'on ne doit pas toucher ou enlever le corps d'une personne présumée morte, quand même elle donnerait quelques signes de vie, sans la présence d'un commissaire de police.

C'est une erreur grave; une défense de cette espèce, si elle existait, serait contraire aux lois de l'humanité qui obligent tout individu à porter secours à son semblable, lorsqu'il est en danger.

Ainsi donc, si, par suite d'un accident ou d'un événement quelconque, le corps d'un individu privé de sentiment gisait sur la voie publique, et qu'on pût présumer que quelques secours le rendraient à la vie, il faudrait, sans balancer, en attendant l'arrivée de l'officier de police requis à cet effet, faire rentrer le corps du blessé ou du malade dans une maison près du théâtre de l'événement, et lui faire administrer, par un homme de l'art, des secours provisoires susceptibles de le rendre à la vie. (Voir *Blessures.*)

HUITRES.

Il est défendu d'exposer en vente et de crier des huîtres en public, depuis le 30 avril, jusqu'au 10 septembre, parce que dans cette saison, elles sont contraires à la santé. (*Ordonnance de Police de* 1779.)

On ne peut placer en saillie, sur la face des maisons, des paniers ou bourriches servant d'enseignes, sans une permission du Préfet de police. Voir *Enseignes*, *Saillies*.

IMMONDICES.

Ceux qui, imprudemment ou volontairement, jettent des immondices sur quelqu'un; ceux qui jettent des pierres et d'autres corps durs ou des immondices contre les maisons, édifices ou clôtures d'autrui, sont passibles d'amende de simple police. (*Art.* 475 *et* 479 *du Code Pénal.*)

INCENDIE.

Les couvertures de chaume, de paille, de roseaux, que l'on établit sur les maisons, doivent être signalées au Préfet de police qui a droit de les prohiber, comme dangereuses pour la sûreté publique.

Les charrons, menuisiers et autres ouvriers en bois, qui exercent dans la même maison les professions de serrurier, taillandier, ou maréchal-g[illegible]ssier, doivent avoir deux ateliers séparés; les ouvriers en bois ne peuvent travailler dans l'atelier où est placée la forge.

Les personnes habitant les maisons voisines des

lieux où l'on tire des feux d'artifices, doivent être tenues de fermer les lucarnes et autres ouvertures des greniers; les portes et fenêtres de chambres, remises ou hangars, les soupiraux de caves contenant des matières combustibles, et de ne laisser extérieurement ni foin, ni paille.

Dès qu'un incendie quelconque se manifeste dans un quartier de Paris, tout agent qui arrive le premier sur les lieux, après avoir requis les pompiers, s'il n'y sont déjà, doit en informer le commissaire de police du quartier, et en donner avis à la Préfecture de police. Ceux chez qui le feu a pris, sont tenus d'ouvrir leurs portes aux officiers de police, aux sapeurs-pompiers et à la garde qui se présentent, soit pour donner des secours, soit pour surveiller le maintien de l'ordre; en cas de refus d'ouverture des portes, elles sont enfoncées à la diligence des commissaires de police présens sur les lieux.

Les seeaux et pompes à incendie sont mis en réquisition partout où il s'en trouve, notamment chez les commissaires de police des quartiers voisins, chez lesquels il y a toujours des torches, ainsi que dans plusieurs établissemens publics, tels que les Hôpitaux et Hospices, les Écoles de Droit, de Médecine et autres.

Les habitans du quartier, c'est-à-dire, ceux qui sont voisins de l'incendie, sont tenus d'ouvrir leurs maisons, de laisser puiser de l'eau à leurs puits et pompes, lorsqu'ils en sont requis pour le service de l'incendie.

Tout propriétaire de chevaux est également tenu de les fournir pour le service des pompes et des tonneaux, s'il en est requis.

Toute personne qui se refuse à porter des secours, après réquisition à elle faite par un officier ou agent de police, doit être poursuivie par voie de simple police, et condamnée à une amende de 6 à 10 francs. (*Article 475 du Code Pénal.*)

Ce refus de service peut être constaté par un rapport déféré au commissaire de police, présent à l'incendie.

Les gardiens des pompes et réservoirs publics, sont tenus de fournir l'eau nécessaire à l'extinction de l'incendie. (*Ordonnances de Police, des* 15 *novembre* 1781, *et* 21 *décembre* 1819.)

Les agens de police doivent recueillir des notes pour les remettre ensuite au commissaire de police qui a dirigé les secours, en lui signalant toutes les personnes qui se seraient distinguées par leur zèle et leur courage, soit en sauvant des objets précieux, soit en sauvant des personnes du danger; ils doivent également recueillir les noms et numéros des porteurs d'eau arrivés les premier et second sur le lieu de l'incendie, ainsi que des autres qui ont fourni des secours, afin de mettre le commissaire de police à même de provoquer des récompenses et payer le salaire des porteurs d'eau et travailleurs.

Les mêmes agens doivent veiller à ce que tous les effets retirés ou sauvés de l'incendie soient déposés dans un seul lieu, sous la garde de sentinelles; qu'il soit établi une enceinte environnée de militaires, pour écarter les personnes inutiles, qui embarrasseraient la manœuvre des pompes et les travailleurs; que toute personne qui trouve des effets provenant du lieu incendié, en fasse le dépôt au lieu réservé pour cela; enfin, que tout individu qui soustrairait ou tenterait de soustraire des effets dont il est mention, soit arrêté et mis à la disposition du commissaire de police.

INJURES VERBALES.

Les injures proférées, sans provocation, contre quelqu'un, ne donnent lieu qu'à des poursuites de simple police sur la plainte de la partie lésée. (*Article 471 du Code Pénal.*)

Celles proférées envers les agens ou préposés de l'administration de la police, dans l'exercice ou à l'occasion de leurs fonctions, sont poursuivies correctionnellement. (*Emprisonnement de cinq jours à un an et amende de* 25 *à* 2,000 *fr.; art.* 19 *de la loi du* 19 *mai* 1819.)

INSCRIPTIONS DES RUES.

Il est défendu de dégrader, ni masquer les inscriptions des rues.

Dans le cas où l'exécution d'ouvrage nécessiterait la dépose des inscriptions, il ne peut y être procédé qu'avec l'autorisation du Préfet de la Seine. (*Ordonnance de Police, du* 9 *juin* 1824.)

INSCRIPTIONS OBSCÈNES.

Les inscriptions obscènes peintes ou crayonnées sur les murs et murailles exposées aux regards du public, doivent être signalées au commissaire de police du quartier, afin qu'il puisse les faire effacer aux frais de la Préfecture de police, si l'auteur en est inconnu, ou le poursuivre s'il est connu. (*Circulaire du Préfet de police, du* 5 *juillet* 1826.)

INSPECTEURS DE POLICE.

Les inspecteurs de police sont des préposés de l'Administration, nommés par le Préfet de police, pour exercer la police administrative et municipale, sous la direction des commissaires de police, officiers de paix et brigadiers de police.

Ils portent pour signe recognitif de leurs fonctions, une carte dont la forme est variable, contenant leur signalement, et revêtue de la signature du secrétaire général de la Préfecture de police.

Cette carte leur sert à se faire reconnaître de la force-armée qu'ils ont droit de requérir dans l'exercice de leurs fonctions; le modèle en est déposé dans chaque corps de garde pour servir de pièce de comparaison; ce signe, non ostensible, ne doit pas être exhibé publiquement aux particuliers.

Une circulaire du 24 mai 1820, interdit aux employés de la police, l'entrée dans les maisons de jeux, à peine de suspension de leurs fonctions.

Il est également défendu aux inspecteurs de police de fréquenter les cabarets et boutiques de marchands de vin, notamment ceux qui avoisinent la Préfecture de police, à peine de punition. Voir *Police, Rapports, Sergens de Ville.*

INSTITUTIONS, PENSIONS; ETC.

Les institutions et écoles publiques n'ont trait à la surveillance des agens du service extérieur, que sous le rapport de leurs tableaux d'enseignes.

L'Université ne reconnaissant que trois espèces d'établissemens, il importe seulement de vérifier et signaler aux commissaires de police des quartiers, les tableaux qui porteraient d'autres indications que celles ci-après; savoir :

« Institution de l'Université, dirigée par M.....

» Pension de l'Université, dirigée par M.....

» École primaire du (1er, 2e ou 3e) degré, dirigée par M..... (*Circulaire du Procureur du Roi, du 3 janvier* 1822.)

IVROGNES.

Les gens ivres trouvés endormis sur la voie publique, ou troublant l'ordre public, doivent être déposés dans le corps-de-garde le plus voisin, à la disposition du commissaire de police du quartier qui les examine après leur ivresse, et statue à cet égard.

JALOUSIES.

Il faut une permission du Préfet de police, pour établir des jalousies saillantes; elles ne peuvent porter au delà de 16 centimètres de saillie. (*Ordonnance du Roi, du 24 décembre* 1823).

JEUX DE HASARD ET AUTRES.

Il est défendu aux marchands de vin, limonadiers, et à tous autres donnant à boire et à manger, de donner à jouer et souffrir que l'on joue chez eux, aux dés, ni à aucun jeu de hasard, à peine d'amende. (*Ordonnance de Police, du 26 juillet 1777*).

Il est également défendu aux marchands forains et étalagistes de donner à jouer à aucun jeu de loterie, aux dés, à la blanque, au tourniquet, aux chevilles et à tous jeux de hasard, sous peine d'amende de simple police et de confiscation des tables, instrumens, appareils de jeux, ou de loteries établis sur la voie publique, ainsi que les enjeux, les fonds, denrées, objets ou lots proposés aux joueurs. (*Ordonnance précitée et Code Pénal, art. 475 et 477*).

Il existe encore d'autres jeux de hasard, dont voici à peu près la nomenclature : l'*as de cœur*, les *trois cartes*, la *jarretière*, la *roulette*, le *quadrille*, le *passe-dix*, la *parfaite égalité* et le *jeu de cocange* ou des *trois coquilles* (1).

Pour obtenir l'indication d'une partie des combinaisons frauduleuses que présente chacun de ces jeux, l'on doit avoir recours à l'instruction

(1) Deux ou trois coquilles de noix, et une petite boulette escamotée par un particulier assisté de compères, constitue ce dernier jeu, qui est une véritable escroquerie. (*Arrêt de cassation du 11 juin 1828*.)

jointe à la circulaire de M. le Préfet de police, en date du 6 novembre 1830 (1).

---

(1) *L'As de Cœur.*

Ce jeu se fait avec trois cartes. On en tient deux dans la main (l'as de cœur se trouvant placé en dessous), et la troisième est dans la main gauche, et toujours en ayant soin de faire voir l'as de cœur. Lorsque le banquier s'aperçoit qu'une personne se présente pour faire son enjeu; il substitue adroitement à l'as de cœur la carte qui se trouvait en dessus, et le joueur se trouve victime de cet escamotage frauduleux.

Les trois Cartes.

Un individu tire d'un jeu de cartes qu'il tient à la main, trois cartes, dont il fait voir la première, et qu'il pose séparément, la couleur en dessous, et après avoir subtilement changé l'ordre dans lequel elles se trouvaient, sur un chapeau, sur une table ou sur un tapis, il propose alors aux personnes qui l'entourent, de parier qu'elles ne trouveront pas la carte qu'il leur a montrée. Lorsque les enjeux sont formés, il entremêle lestement les cartes, de manière que leurs mouvemens puissent être facilement suivis des yeux par les parieurs, qui ne manquent jamais de désigner la carte frauduleusement substituée à celle qui leur avait été montrée.

Une autre manœuvre frauduleuse consiste à substituer à un *sept* qu'on a fait voir aux assistans, le *huit* de la même couleur, qu'on montre également aux joueurs, mais de manière que l'un des points se trouve masqué, afin de laisser croire que c'est réellement le *sept* sur lequel les paris s'étaient établis.

Les jeux de palets, de tonneaux, de siam, de

La Jarretière.

Ce jeu s'exécute avec une jarretière de laine ou de fil, dont les deux bouts sont noués ensemble, laquelle est repliée plusieurs fois sur elle-même, à peu près dans la forme semi-circulaire, et présente dans cette situation deux anneaux ou ouvertures. Le joueur choisit l'une des ouvertures dans laquelle il place le doigt ou un objet pointu, tel qu'un poinçon, un clou, etc., qui doit fixer la jarretière, lorsque le banquier vient à la tirer. Mais, la disposition de cette jarretière, et surtout l'adresse de celui qui la dirige, rendent impossible aucune chance de succès en faveur du joueur.

La Roulette.

Ce jeu offre à peu près les mêmes combinaisons que la roulette employée dans les maisons à partie.

Le cylindre présente sept chances, savoir : *l'ancre*, *le pique*, *le trèfle*, lesquels forment la couleur noire; *le carreau*, *le cœur et l'étoile*, qui forment la couleur rouge; enfin, le *zéro blanc*, qui, lorsqu'il sort, fait perdre toutes les couleurs, ce qui établit une chance de plus en faveur du banquier. L'avantage de celui-ci est encore plus grand, lorsqu'au lieu de jouer la couleur, on joue pour une figure déterminée, car, en cas de succès, le joueur ne reçoit que quatre fois la mise, tandis qu'il a six chances contre lui.

Le Quadrille.

Ce jeu est une espèce de roulette, représentant 1° seize figures composées de *quatre as*, *quatre rois*, *quatre da-*

quilles, de volans et autres jeux susceptibles de

---

mes et quatre valets, lesquels sont partagés en deux couleurs, *la rouge et la noire*; 2° *deux zéros*, l'un blanc et l'autre bleu, qui sont pour le teneur du quadrille.

Les chances sont à peu près en même proportion qu'à la roulette, avec cette différence cependant que dans l'exécution du quadrille il y a une combinaison frauduleuse, en ce sens que les deux pointes de fer entre lesquelles la baleine du cylindre vient se fixer au terme de sa rotation, se trouvent plus écartées sur les deux zéros que sur les autres divisions du cercle.

Le Passe-Dix.

Ce jeu se compose de trois dés à jouer, que roulent alternativement les joueurs qui forment la partie ou *la poule*.

La fraude de ce jeu consiste en ce que les compères sont toujours munis de dés semblables à ceux de la partie; mais avec cette différence que leurs dés sont plombés, de manière à amener un nombre fixé pour *la passe* ou pour *la manque*, et lorsqu'ils sont sur le point de jouer, ils substituent leurs dés plombés aux dés ordinaires.

Les fraudeurs emploient aussi quelquefois de faux dés qui, sur toutes les faces, ne produisent que des *as*, des *deux* et des *trois* pour *la manque*, et d'autres dés qui ne produisent que des *quatre*, des *cinq* et des *six* pour *la passe*.

La Blanque.

C'est une petite table ronde, dont le dessus de forme plate est entièrement garni de trous, les uns représentant des numéros, et les autres des couleurs. Une boule lancée gêner la circulation et d'occasioner des accidens,

---

par le joueur va se fixer sur un des numéros, et c'est le plus haut numéro qui gagne la partie.

La Loterie.

Ce jeu se compose de quatre-vingt-dix petits morceaux de papier roulés, sur lesquels sont tracés les numéros depuis 1 jusqu'à 90, et qui sont placés dans une boîte découverte. Plusieurs cartons représentant les mêmes numéros sont distribués aux joueurs. Trente ou quarante des numéros roulés sont de dimensions plus fortes, ou roulés d'une manière moins serrée que les autres ; les cartons représentant ces mêmes numéros sont toujours à la disposition des compères qui les reconnaissent à une marque distinctive, consistant en points imperceptibles faits avec une épingle ou en entailles légères, ou par la rognure des coins des susdits cartons.

Un autre jeu de loterie se compose de quatre-vingt-dix boules dans un sac. Il ne paraît y avoir d'autre fraude dans ce jeu, que le nombre incomplet. Le teneur a seulement l'avantage de retirer à peu près le double de la valeur des objets mis en loterie, tels que tableaux, pâtisserie, etc.

Jeu, dit la parfaite Egalité.

Ce jeu se compose d'un carton représentant les numéros 1, 2, 3, 4, 5, 6. Le teneur est muni d'un cornet contenant trois dés à jouer, lesquels, jetés sur le carton, offrent le partage égal de trois chances pour les joueurs, et de trois pour le banquier, ce qui a fait donner à ce jeu la dénomination de parfaite égalité.

La fraude ne commence que lorsque les joueurs placent

sont interdits sur la voie publique. (*Ordonnance de Police, du 8 août 1829.*)

JUGEMENS.

Les agens ou préposés de la police doivent prêter main-forte à tous porteurs de jugemens criminels en forme, lorsqu'ils en sont requis par eux, pour coopérer à leur exécution.

LAIT, LAITIÈRES.

Il faut une permission du Préfet de police pour vendre du lait sur la voie publique.

Les laitières ne peuvent vendre à leurs places des fruits ou légumes, même ceux provenant de leur cru. (*Ordonnance de police, du 1er octobre 1830*).

Les agens de l'Administration doivent veiller à ce qu'elles se retirent de leurs places à dix heures du matin au plus tard; qu'elles ne laissent pas stationner sur la voie publique, leurs charrettes

---

de forts enjeux sur des chances qu'ils ont suivies avec persévérance; alors le teneur, ou l'un des compères, substitue à l'un des trois dés ordinaires que contient le cornet, un autre dé de même forme, mais dont les faces ne produisent que des numéros opposés à ceux suivis par les joueurs.

et bêtes de somme, à moins d'une permission spéciale; qu'elles ne se servent que de mesures légales, c'est-à-dire, vérifiées et poinçonnées; qu'elles ne déposent pas leur lait dans des vases de cuivre ou de fer mal étamés, et enfin qu'elles rangent leurs boîtes et pots au lait de manière à embarrasser le moins possible la voie publique. Voir *Etalages-sédentaires*, *Trottoirs*.

LANTERNES OU TRANSPARENS.

Les lanternes ou transparens, y compris la potence, ne peuvent porter plus de 75 centimètres de saillie. (*Ordonnance du Roi*, *du* 24 *décembre* 1823.)

Les lanternes et transparens construits depuis la promulgation de l'ordonnance précitée, ne peuvent être suspendus aux potences, par des cordes et des poulies, ils doivent y être suspendus au moyens de crochets en fer, ou supportés par des tringles en fer, contenus dans des coulisses et arrêtés avec serrure ou cadenas.

Les lanternes établies antérieurement à ladite ordonnance, et munies de cordes et de poulies, doivent, lorsqu'elles seront réparées ou renouvelées, être établies conformément aux dispositions précitées.

Elles ne doivent être mises en place que le soir

et être retirées aux heures où elles cessent d'éclairer.

Il est défendu de suspendre, pendant le jour, aux cordes des lanternes ou transparens, des pierres, plombs, poids et autres objets pouvant, par leur chute, blesser les passans. (*Ordonnance de Police, du* 9 *juin* 1824.)

Les lanternes éclairées par le gaz, et toutes celles suspendues par des crochets, peuvent rester en place pendant le jour, pourvu que les potences soient tournantes et que les lanternes puissent être appliquées le long des murs de face des maisons, de manière à ne former que 16 centimètres de saillie du nu des murs. (*Circulaires du Préfet de police, des* 15 *octobre* 1824 *et* 10 *mars* 1829.)

LAPINS. Voir Animaux malfaisans.

LIBÉRÉS DE CONDAMNATIONS. Voir Forçats libérés.

LIBERTÉ INDIVIDUELLE.

La liberté individuelle est garantie par la Charte constitutionnelle, nul ne pouvant être poursuivi ni arrêté que dans les cas prévus par la loi et dans la forme qu'elle prescrit. (Article 4).

Tous ceux qui, n'ayant pas reçu de la loi le pouvoir de faire arrêter, donneront, signeront ou exécuteront l'arrestation d'une personne quelconque ; tous ceux qui, même dans le cas de l'arrestation autorisée par la loi, recevront ou retiendront la personne arrêtée, dans un lieu de détention non publiquement et légalement désigné comme tel, seront coupables de détention arbitraire. (*Acte constitutionnel du* 13 *décembre* 1799). Voir *Contraventions*, *Rigueurs illégales*.

LIEUX PUBLICS. *Voir* CABARETS, FILLES PUBLIQUES.

LEVIERS ET PINCES.

Les maçons, carriers et autres qui font usage de leviers, pinces, crics, et autres outils analogues, doivent les rentrer le soir, afin de les ôter de dessous la main des malveillans, à peine d'amende de simple police. (*Art. 471 du Code Pénal*).

LIVRES. Voir BOUQUINISTES.

LOGEURS. Voir MAISONS GARNIES.

LOTERIE (BUREAUX DE).

Les bureaux de loterie ne peuvent placer de portes-listes à plus de 16 centimètres de saillie du mur. Voir *Jeux de hasard*.

LOUEURS DE VOITURES DE PLACE.

Tout loueur de voitures de place est tenu de faire peindre sur le mur et au-dessus de la porte de son établissement, en caractères apparens, ses noms et professions. (*Ordonnance de police, du 1er juillet* 1829, *art.* 26). Voir *Cabriolets*, *Carrosses*, *Cochers*.

MACHE-FERS.

On ne peut former aucun dépôt de mâche-fers ou résidus de charbon de terre sur la voie publique, l'entrepreneur du nettoiement n'étant pas tenu d'en faire l'enlèvement. Lorsque les auteurs de dépôts de cette nature peuvent être découverts, les agens ou préposés doivent les désigner au commissaire de police du quartier, pour qu'il leur soit fait sommation de les faire enlever. Voir *Nettoiement*.

MAIN-FORTE. Voir CORPS-DE-GARDE.

MAISONS GARNIES et LOGEURS.

Les maîtres de maisons garnies et logeurs sont pourvus de registres de police timbrés, pour l'inscription de leurs locataires; ils doivent les représenter à toute réquisition des préposés de la police. (*Ordonnance de Police, du* 19 *novembre* 1831.)

Toute personne tenant maison garnie doit placer au-dessus de sa porte d'entrée, d'une manière apparente et en gros caractères, un écriteau indiquant son nom, sa profession et la dénomination de la maison qu'elle tient. (*Ordonnance de Police, du* 18 *juin* 1811.)

On peut entrer dans les maisons garnies, pendant la nuit, jusqu'à onze heures du soir à Paris. (*Loi du* 28 *germinal an* 6.) Voir *Asile*.

MAISONS ROYALES.

La police des palais, châteaux ou maisons royaux et leurs dépendances, étant confiée aux gouverneurs de ces maisons, on ne peut y faire aucune arrestation, ni exécuter aucun mandat; sans leur assentiment. (*Ordonnance du Roi*, *du* 20 *août* 1817.)

Si un individu prévenu d'un crime ou d'un délit, ou poursuivi par la clameur publique, s'y réfugiait, il ne faudrait pas perdre de vue toutes les issues et faire prévenir le gouverneur ou la personne qui le suppléerait, pour en opérer l'arrestation et le conduire devant l'officier de police du lieu du crime ou du délit.

MANCHONS.

Les manchons sont des lanternes à verres cylindriques, appliquées sur l'extérieur des devantures de boutiques; ces sortes de lanternes ne peuvent être placées que le soir.

Pour en établir il faut une permission du Préfet de police. Voir *Saillies.*

MANDATS.

Les préposés de la police sont appelés à exécuter les mandats d'amener; si le prévenu est saisi, il lui est délivré copie du mandat en le lui notifiant; s'il ne peut être trouvé, le mandat est présenté au maire, à l'adjoint ou au commissaire de police de la commune ou du quartier de la résidence du prévenu.

Le maire, l'adjoint ou le commissaire de police appose son visa sur l'original; la copie destinée au prévenu, est laissée à l'une de ces autorités. (*Article* 105 *du Code d'Instruction Criminelle.*)

Les mandats d'amener sont exécutoires dans toute l'étendue du royaume. Voir *Asiles*, *Frais de Justice.*

MARCHANDISES PROHIBÉES.

Tout agent de police qui acquiert la certitude qu'un dépôt de marchandises prohibées subsiste dans un lieu quelconque, doit en informer sur-le-champ le commissaire de police du quartier, afin qu'il puisse en référer à qui de droit.

L'agent indicateur, si la saisie a lieu, a droit au sixième du produit net, qui lui est attribué suivant la loi. (*Ordonnance du Roi, du 17 juillet* 1816.)

MARCHANDS AMBULANS OU FORAINS.

Voir COLPORTEURS.

MARCHES DE PIERRE.

Il faut une permission du Préfet de police pour placer des marches, pas ou degrés, en saillie au-devant des maisons.

Les marches ou pas ne peuvent dépasser l'alignement de la base des bornes. (*Ordonnance du Roi, du 24 décembre* 1823.)

MARÉCHAUX.

Les maréchaux ferrants ne peuvent avoir leurs travails sur la voie publique, attendu les accidens qui peuvent en résulter pour les passans.

Ils ne peuvent non plus ferrer les chevaux sur la voie publique, sous peine d'amende, comme embarrassant la voie publique. (*Arrêt de cassation du* 30 *frimaire an* 13, *et Circulaire du Préfet de police, du* 2 *mars* 1824.) Voir *Bruit*.

MARÉE.

Aux termes d'un arrêt du parlement du 8 juin

1734, il ne doit être accordé aucune permission de vendre de la marée, en étalage sur la voie publique; elle ne doit être vendue que dans les marchés à ce affectés.

On doit donc tenir la main à ce qu'aucun étalagiste n'en vende pas, notamment dans la saison des chaleurs, où celle que l'on expose en vente est souvent tournée; ce qu'il est facile de juger par l'odeur infecte qui s'en exhale. Voir *Comestibles*.

MASQUES. Voir Déguisemens.

MATÉRIAUX.

Il est défendu de former sur la voie publique, des chantiers ou ateliers pour l'approvisionnement et la taille des matériaux.

Il peut toutefois être accordé des autorisations pour déposer des matériaux destinés à des constructions d'aquéducs, égouts, trottoirs et autres établissemens à faire sur la voie publique. Dans ce cas, les matériaux doivent être employés au fur et à mesure de leur arrivée ou rentrés sur les emplacemens où l'on construit.

Si, par suite de circonstances imprévues, des matériaux doivent rester pendant la nuit sur la voie publique, les propriétaires et entrepreneurs sont tenus d'en donner avis au commissaire de police du quartier, de pourvoir à l'éclairage, et de prendre toute mesure nécessaire pour prévenir les accidens.

Il est défendu à tous carriers, voituriers et autres, de décharger ni faire décharger sur la voie publique, après la retraite des ouvriers, aucune voiture de pierres de taille ou moellons.

Il est également défendu de scier ou tailler des pierres sur la voie publique. (*Ordonnance de Police, du* 8 *août* 1829.) Voir *Boulevarts.— Conduites d'eau.*

MELONS.

On permet les étalages de melons, sur la voie publique, pendant la saison, c'est-à-dire, jusques vers la fin de septembre; après cette époque, on ne doit plus en vendre, parce qu'ils deviennent malfaisans et peuvent occasioner des maladies. (*Décision du Préfet de police, du* 6 *août* 1818.) Voir. *Etalages sédentaires.*

MENACES.

Celui qui menace par écrit, ou verbalement, d'assassinat, d'empoisonnement, d'incendie et de tout autre attentat contre les personnes ou les propriétés, se rend coupable d'un crime ou d'un délit. (*Articles* 303 *à* 307 *du Code Pénal.*)

MÉNAGERIES.

On ne peut établir, sur la voie publique et dans l'intérieur des maisons, aucune ménagerie d'animaux, sans une permission du Préfet de police. (*Ordonnance du Roi*, *du* 14 *janvier* 1815.)

MENDICITÉ.

La mendicité est un délit. (*Article* 274 *du Code Pénal.*)

La surveillance doit être active sur les gens qui s'y livrent, notamment sur ceux qui feignent d'être atteints de plaies, infirmités ou maladies, ou qui se font accompagner d'enfans qui ne leur appartiennent pas.

Le premier soin des agens qui arrêtent des mendians, doit être de les fouiller avec exactitude, en arrivant au corps-de-garde ou dans le bureau de police, où ils sont conduits, afin de recueillir des preuves de leur délit (presque toujours nié), tels que liards ou centimes, en grande quantité, morceaux de papiers ayant servi à envelopper des pièces de monnaie jetées par les fenêtres, car il est difficile de trouver d'autres preuves, les personnes se refusant assez ordinairement à venir déposer d'un pareil fait.

Il est d'ailleurs important d'effectuer cette

opération (la fouille), pour s'assurer aussi que les mendians ne sont porteurs d'aucun effet et valeurs supérieurs à *cent francs*, comme aussi s'ils ne sont pas munis d'armes, limes, crochets, ou d'autres instrumens propres à commettre des délits, parce qu'en cas d'affirmative, ce serait des circonstances aggravantes. (*Articles* 277 *et* 278 *du Code Pénal.*)

MERCANDAGE. Voir Porcs.

MESSAGERIES. Voir Voitures publiques.

MEURTRE. Voir Homicide.

MILITAIRES.

Après l'heure de la retraite, on doit s'assurer que les militaires circulant dans les rues, sont porteurs de permissions de leurs chefs ; s'ils n'en ont pas et ne donnent aucune excuse valable, ils peuvent être arrêtés et dirigés sur l'état-major de la Place, lorsqu'ils n'ont commis ni crime ni délits, car s'ils s'étaient rendus coupables d'un délit quelconque, ce serait devant un commissaire de police qu'ils devraient préalablement être conduits, afin que les faits fussent constatés.

Les lieux publics où l'on reçoit des filles publiques, et les maisons de débauche, fréquentées par des militaires, doivent être signalés au Préfet de police, afin qu'il soit vérifié si ces lieux sont rangés dans l'espèce de ceux interdits aux militaires de la garnison de Paris, par les chefs de corps. (*Circulaire du Préfet de police du 5 septembre* 1828.)

MOELLONS. Voir MATÉRIAUX.

MOEURS.

Celui qui commet un outrage public à la pudeur, soit par des gestes indécens, soit en se présentant publiquement dans un état de nudité, est passible de peines correctionnelles. (*Article* 330 *du Code Pénal.*)

Les réunions publiques ayant pour objet, l'amusement ou le divertissement du public, doivent appeler l'attention des préposés ou agens de la Préfecture de police, sous le rapport de la décence publique. Voir *Attentat aux mœurs.*

MONNAIE, Voir FAUSSE-MONNAIE.

MONTRES D'ÉTALAGE.

Il est défendu aux marchands, artisans et autres, d'établir au devant des maisons qu'ils occupent, aucune montre mobile ou fixe, sans avoir obtenu une permission du Préfet de police.

La saillie de ces objets est fixée à 16 centimètres (environ 6 pouces.) (*Ordonnance du Roi, du 24 décembre 1823.*)

MORALE PUBLIQUE ET RELIGIEUSE.

Celui qui, par des discours ou des cris proférés dans des lieux ou réunions publics, soit par des écrits, soit par des imprimés, dessins, gravures, peintures ou emblêmes, vendus ou distribués, mis en vente ou exposés dans des lieux ou réunions publics, soit par des placards ou affiches exposés aux regards du public, commet un outrage à la morale publique et religieuse, ou aux bonnes mœurs, encourt une peine correctionnelle. (*Loi du 17 mai 1819.*)

MORT SUBITE OU VIOLENTE.

Lorsqu'un agent ou préposé de l'administration de la police, a connaissance qu'une personne est morte subitement ou violemment, soit dans son domicile, soit sur la voie publique ou ailleurs, il doit en informer, sur-le-champ, le commissaire de police du quartier où se trouve le cadavre.

MOULINET DE BOULANGER.

Il faut une permission du Préfet de police pour établir des moulinets en saillie ou poulies destinés à monter les farines et autres denrées.

MURS.

Les objets exposés sur le faîte des murs des maisons, pouvant nuire par leur chute, doivent être signalés, par des rapports, aux commissaires de police des quartiers respectifs. Voir *Fenêtres*.

MUSICIENS AMBULANS.

On ne peut jouer d'aucun instrument sur la voie publique et dans les lieux publics à Paris, sans une permission du Préfet de police, et sans être muni d'une médaille portant les noms et initiales des prénoms du musicien.

Il faut également une permission et une médaille, pour y chanter des cantiques et autres chansons, imiter avec la voix le cri des animaux, le chant des oiseaux ou le son des instrumens.

Ces sortes d'artistes ne peuvent s'introduire dans les lieux publics et maisons particulières, sans la permission des chefs d'établissemens ou habitans des maisons. (*Ordonnance de Police, du 2 septembre* 1822.)

Il ne peuvent stationner que sur les emplacemens désignés dans leur permission (voir *Saltimbanques*), depuis huit heures du matin jusqu'à six heures du soir, du 1er octobre au 1er avril, et jusqu'à neuf heures du soir, du 1er avril au 1er octobre. (*Ordonnance de Police, du 14 décembre* 1831.)

NEIGES. Voir Glaces.

NETTOIEMENT.

L'enlèvement des boues, immondices, pailles, herbages et résidus quelconques, doit avoir lieu tous les jours, dans toutes les rues, chaussées des rues et boulevarts, impasses, cagnards, halles, marchés, ports, ponts, quais, descentes d'abreuvoir, cours, cloîtres, passages publics non fermés, et aux abords intérieurs et extérieurs des barrières. (*Cahier des charges de l'entrepreneur du nettoiement, dont l'exécution a commencé le* 1er *novembre* 1831, *et finira le* 31 *octobre* 1840 *inclus, article* 8.)

L'entrepreneur ne peut employer à ce service, des voitures de plus de deux colliers, à moins d'y être autorisé par l'administration. (*Même cahier, article* 9.)

Le service ordinaire d'enlèvement doit commencer au plus tard à huit heures du matin, et être toujours terminé à onze heures, pendant les cinq mois d'hiver (1). Il devra commencer au plus

(1) Novembre, décembre, janvier, février et mars.

tard à sept heures du matin, et être toujours terminé à dix heures du matin, pendant les autres mois. (*Idem*, *article* 10.)

Les voitures de transport doivent être disposées et chargées de manière à ce que leurs chargemens ne puissent fuir ni se répandre sur la voie publique; l'entrepreneur est tenu de les nettoyer extérieurement des ordures adhérentes. (*Idem*, *article* 12.)

Chaque voiture doit porter une plaque apparente en tôle, peinte en blanc, sur laquelle un numéro d'ordre est inscrit en noir.

Les conducteurs doivent être âgés d'au moins dix-huit ans. (*Idem article* 13.)

Les desservans doivent toujours compléter l'enlèvement et ne laisser aucun résidu quelconque le long des murs, sur le bord des ruisseaux, entre les bornes, ni sur aucune partie de la voie publique. (*Idem article* 14.)

Une clochette suspendue par un ressort, doit être placée en avant de chaque voiture du nettoiement, à l'effet d'annoncer leur passage aux habitans. (*Idem article* 15.)

Dans les halles du centre et dans les marchés Saint-Germain et Saint-Honoré, l'enlèvement des immondices a lieu deux fois par jour, aux heures fixées par le Préfet de police. (*Idem article* 17.)

L'entrepreneur est tenu d'enlever, les mardi,

jeudi et samedi de chaque semaine, les terres, pavois, sables, décombres et mâche-fers, abandonnés sur la voie publique et de les conduire aux décharges publiques ou particulières, sauf son recours contre les auteurs de ces dépôts. (*Idem article* 18.)

L'entrepreneur est également tenu d'enlever les neiges et glaces dans tous les lieux indiqués en l'article 8 (*Idem article* 19.)

Pendant les tems de neiges et glaces il doit faire dégager les ruisseaux et entrées des égoûts. (*Idem article* 20.)

Toutes les contraventions aux dispositions précédentes, doivent être constatées par des rapports adressés à la Préfecture de police, pour être poursuivies administrativement. (*Idem*, *article* 46.)

Il est défendu aux habitans de la campagne et autres personnes étrangères au service du nettoiement, de ramasser dans Paris, soit de jour, soit de nuit, à l'aide de voitures ou d'autres moyens de transport analogues, des immondices, du petit fumier, ou tous autres objets déposés sur la voie publique. (*Ordonnance de Police*, *du* 23 *novembre* 1831.)

NIVET.

Le nivet est une remise faite en sus du salaire dû à un ouvrier, garçon, etc.

Les cochers, charretiers et porteurs de charbon ne peuvent exiger de nivet, sans s'exposer à des poursuites judiciaires, comme contrevenans aux règlemens en vigueur.

NOTAIRES.

Les notaires peuvent placer à leurs portes des écussons ou panonceaux aux armes de France, toutefois, après avoir obtenu une permission du Préfet de police, sous le rapport de la saillie qui ne peut excéder 16 centimètres. Voir *Saillies*.

NOURRICES (MENEURS DE).

Les voitures de meneurs et meneuses de nourrices doivent être bien conditionnées; le fond en planches suffisamment garnis de paille, les ridelles bien closes en planches ou en nattes; la voiture couverte d'une toile tendue sur cerceaux.

Ces voitures ne peuvent être conduites qu'au pas dans Paris. (*Ordonnance de Police, du* 19 *novembre* 1773.) Voir *Charrettes*.

NOYÉS.

Dès qu'une personne noyée est repêchée, la garde du poste le plus voisin doit être requise, pour écarter les curieux qui s'en approcheraient; il doit en être donné avis au commissaire de police du quartier; un médecin doit être appelé sur-le-champ pour administrer les secours de l'art, s'il y a lieu. (*Ordonnance de Police, du 25 mars* 1816.)

Dans les noyés retirés de l'eau peu de tems après la submersion, la vie n'est pas toujours éteinte, elle n'est souvent que suspendue, comme dans tous les asphixiés.

Plusieurs heures de séjour dans l'eau, ne suffisent pas toujours pour donner la mort; la couleur rouge, violette ou noire du visage, le refroidissement du corps, la roideur des membres ne sont pas toujours des signes de mort; en général, la mort n'est prouvée que par la putréfaction.

Le premier soin de toute personne intelligente, en attendant l'arrivée d'un homme de l'art ou du commissaire de police, car la voix de l'humanité doit prévaloir sur les formalités judiciaires, doit être de ne pas laisser les pieds du noyé dans l'eau, ainsi que les mariniers en ont l'usage; de le placer sur le côté droit, la tête un peu élevée; de lui frotter le corps avec un morceau de laine ou de drap qu'on se procure près des assistans; enfin, de suivre l'instruction imprimée que l'on trouve dans chaque boîte ou armoire à secours.

Il faut tout attendre de la persévérance à administrer les secours; il y a des noyés qui n'ont pu être rappelés à la vie qu'après plusieurs heures de tentative. (*Extrait de l'avis du con-*

seil de salubrité, annexé à l'ordonnance précitée, et de l'avis du Préfet de police du 1er juillet 1831.) Voir *Boites à secours, Hôpitaux.*

NUMÉROS DES MAISONS.

Il est défendu de masquer, par l'établissement d'objets de petite voirie, les numéros des maisons.

Lorsque les numéros des maisons sont effacés et dégradés à l'occasion d'exécution d'ouvrages, ils doivent être rétablis par les particuliers, en se conformant aux règles établies pour leurs formes, couleurs et dimensions. (*Ordonnance du 9 juin* 1824.)

OBCÉNITÉS. Voir MOEURS.

OFFICIERS DE PAIX.

Les officiers de paix sont des fonctionnaires publics dont la surveillance doit porter sur toutes les branches de la police administrative et municipale; ils veillent spécialement au maintien de la tranquillité publique, arrêtent les délinquans et les conduisent *immédiatement* devant les commissaires de police.

La loi du 29 septembre 1791 en a créé vingquatre pour Paris, ils ont été anéantis, puis rétablis par un loi de l'an IV, et réorganisés par une ordonnance du Roi, de février 1822, qui en confère la nomination au Ministre de l'intérieur.

Ils prêtent serment entre les mains du Préfet de police.

Ils portent pour marques distinctives, un large ruban bleu-ciel moiré, orné de trois vaisseaux brodés en argent, lequel se place en ceinture sous leur habit.

Ils ont également pour insignes, un bâton en ivoire d'environ huit pouces de longueur, représentant sur l'une des extrémités, les armes de la ville de Paris, avec la légende: *Officiers de paix de la ville de Paris*, et sur l'autre bout un œil avec ces mots: *Force à la loi.*

Ils ont la direction des brigadiers, sergens de ville et inspecteurs de police, et constatent les contraventions de police municipale.

Les officiers de paix sont placés sous les ordres du chef de la police municipale, lequel les répartit dans les différentes branches du service de l'Administration.

Ils se rendent tous les jours à la Préfecture, au bureau de la police municipale, de dix heures et demie à onze heures et demie du matin, pour recevoir des ordres de service.

Douze d'entre eux sont spécialement attachés aux douze arrondissemens municipaux.

Ceux-ci doivent réunir personnellement leurs

employés trois fois par jour, dans un local qu'ils doivent avoir chacun dans leur arrondissement respectif;

Savoir :

1°. De sept à huit heures du matin ;

2°. A midi ;

3°. Et à quatre heures de relevée.

Une quatrième réunion a encore lieu de dix à onze heures du soir.

L'officier de paix peut se dispenser d'assister à cette dernière, mais il doit alors s'y faire remplacer par son brigadier.

Le service doit être réglé de manière que toutes les brigades puissent être trouvées au moindre événement, sur les points où elles sont dirigées dans les arrondissemens. Voir *Inspecteurs de police*, *Sergens de ville*.

OMNIBUS. Voir VOITURES PUBLIQUES.

ORGUES.

Nul ne peut jouer de l'orgue, dans les rues et places publiques de Paris ou des communes rurales du ressort de la Préfecture de police, sans être muni d'une permission du Préfet de police, laquelle n'est valable que pour un an.

Tout joueur d'orgues est tenu d'avoir une plaque où sont inscrits son nom, et le numéro de la permission, cette plaque doit être portée ostensiblement; l'orgue doit porter le même numéro, sur le devant et sur les deux côtés.

Les joueurs d'orgues ne peuvent circuler dans les rues de la capitale, que jusqu'à dix heures du soir, en tout tems, et sont tenus de se conformer aux dispositions de la loi du 10 décembre 1830, et de l'Ordonnance de Police, du 9 avril 1831, relatives au dépôt des écrits imprimés, dans le cas où ils cumuleraient la profession de chanteur; ils ne doivent s'introduire dans les maisons particulières, qu'après avoir obtenu la permission des propriétaires ou locataires; cette règle s'applique aux lieux publics.

Il leur est défendu de louer ou prêter leurs instrumens. (*Ordonnance de Police, des* 17 *septembre* 1828 *et* 14 *décembre* 1831.)

OSSEMENS HUMAINS.

Les ossemens humains et autres débris de cadavres trouvés sur la voie publique, doivent être transportés au bureau de police du quartier, après avoir recueilli des renseignemens, afin de découvrir s'ils proviennent de crimes ou de dissection, pour ensuite être envoyés, par le commissaire de police au cimetière le plus voisin, aux frais de la Préfecture de police.

L'Ordonnance de Police du 15 octobre 1815,

défendant la dissection ailleurs que dans les amphithéâtres autorisés, si l'auteur du dépôt était découvert, et reconnu comme ayant fait une dissection particulière, il encourrait une amende de simple police.

OS D'ANIMAUX.

On ne peut brûler des os d'animaux dans Paris ; cette industrie doit être exercée dans un endroit isolé où elle ne puisse incommoder les habitans par l'odeur qu'elle répand. (*Ordonnance du Roi, du 9 février* 1825.)

OUTRAGES. Voir INJURES.

OUVRIERS.

Tous les ouvriers, sans distinction de profession, garçons, etc., doivent être pourvus de livrets portant leurs signalemens ; ces livrets, lorsque les ouvriers travaillent, doivent rester entre les mains des maîtres, s'ils l'exigent.

Les coalitions d'ouvriers pour faire cesser en même tems les travaux, ou renchérir le prix des travaux, ou les faire cesser à certaines heures, lorsqu'elles ont lieu sur la voie publique, doivent éveiller l'attention des agens de l'Administration de la Police ; ils doivent en informer sur-le-champ le commissaire de police du quartier, et la Préfecture de Police.

PAILLE.

La paille provenant des paillasses, ne peut être déposée sur la voie publique, qu'aux heures ci-après, savoir :

De sept à huit heures du matin, depuis le 1er octobre jusqu'au 1er mars, et de six à sept heures du matin, depuis le 1er mars jusqu'au 1er octobre.

Il est défendu de brûler de la paille dans les rues et sur aucun point de la voie publique, à peine d'amende. (*Ordonnance de Police, du 24 novembre* 1830.)

Aux époques des déménagemens, les agens doivent veiller exactement, surtout chaque soir, à ce qu'il ne soit pas contrevenu aux défenses précédentes.

PALAIS-ROYAL. Voir GALERIES. PASSAGES.

PAN-COUPÉ.

On ne peut établir de bornes adhérentes ou isolées sur le pan-coupé d'un mur, formant l'angle de deux rues.

En cas d'exécution de travaux de cette nature, ils doivent être signalés par un rapport à la Préfecture de police.

PAIN. Voir BOULANGERS.

PAPIERS DE SURETÉ.

Tout étranger à la ville de Paris, pour y être en règle, doit être porteur de papiers de sûreté tels que permis de séjour, cartes de sûreté ou d'hospitalité, attestant son individualité.

Dans le cas de trouble ou émeute, sur la voie publique, et autres circonstances où la force-armée intervient, les personnes arrêtées et conduites au corps-de-garde, sans avoir justifié de papiers de sûreté, doivent être traduites *immédiatement* au bureau de police du quartier, pour y être examinées et donner tous renseignemens nécessaires.

PARAPETS. Voir CÉRÉMONIES.

PARIS.

La ville de Paris est divisée en douze arrondissemens ou municipalités, formant douze justices de paix.

Chaque arrondissement est divisé en quatre quartiers.

Le Préfet de police est chargé, exclusivement, de la Police de Paris, et du département de la Seine, ainsi que de celle des communes de Sèvres, Meudon et Saint-Cloud, dépendantes du département de Seine-et-Oise.

Les quarante-huit quartiers de Paris, sont dénommés et classésainsi qu'il suit:

Premier Arrondissement.

1. Tuileries.
2. Champs-Élysées et *Chaillot.*
3. Roule.
4. Place Vendôme.

2e. Arrondissement.

5. Palais-Royal.
6. Feydeau.
7. Chaussée-d'Antin.
8. Faubourg Montmartre.

3e. Arrondissement.

9. Mail.
10. Faubourg Poissonnière.
11. Montmartre.
12. Saint-Eustache.

4e. Arrondissement.

13. Banque de France.
14. Louvre.
15. Saint-Honoré.
16. Marchés.

5e. Arrondissement.

17. Montorgueil.
18. Bonne-Nouvelle.

19. Faubourg Saint-Denis.
20. Porte Saint-Martin.

6e. *Arrondissement.*

21. Temple.
22. Porte Saint-Denis.
23. Faubourg Saint-Martin.
24. Lombards.

7e. *Arrondissement.*

25. Arcis.
26. Sainte-Avoye.
27. Mont-de-Piété.
28. Marché Saint-Jean.

8e. *Arrondissement.*

29. Marais.
30. Popincourt.
31. Faubourg Saint-Antoine.
32. Quinze-Vingts.

9e. *Arrondissement.*

33. Arsenal.
34. Hôtel-de-Ville.
35. Ile-Saint-Louis.
36. Cité.

10e. *Arrondissement.*

37. Monnaie.
38. Faubourg Saint-Germain.
39. Saint-Thomas-d'Aquin.
40. Invalides.

11e. *Arrondissement.*

41. Luxembourg.
42. Ecole de Médecine.
43. Sorbonne.
44. Palais de Justice.

12e. *Arrondissement.*

45. Saint-Jacques.
46. Observatoire.
47. Jardin du Roi.
48. Saint-Marcel.

PANONCEAUX. Voir NOTAIRES.

PASSAGES PUBLICS.

Il est défendu d'établir aucune devanture de boutique saillante, de former aucun dépôt de meubles et effets, ni aucun étalage fixe ou mobile, de marchandises, hors des boutiques situées dans les passages publics, ayant moins de deux mètres et demi de largeur (sept pieds et demi.) Les devantures de boutiques existantes en saillie, ne peuvent être réparées.

Dans les passages ayant deux mètres et demi de largeur et au-dessus, on peut y établir des devantures de boutique, étalages, enseignes, montres, tableaux ou écussons, à une saillie de seize centimètres seulement, en avant des corps de bâtimens devant lesquels sont situées les boutiques.

Toute devanture de boutique, existante à une plus grande saillie, ne peut être réparée; celles qu'on établirait à cette saillie, doivent être supprimées à l'instant (1).

Il est également défendu d'embarrasser, par des dépôts de marchandises et autres objets, les passages.

Les propriétaires ou locataires sont tenus de les faire balayer, éclairer, et de les tenir fermés aux heures prescrites par les règlemens. (*Ordonnance de Police, du* 20 *août* 1811, *Circulaires des* 20 *avril* 1826, *et* 8 *septembre* 1829.) Voir *Portes des Maisons*.

---

(1) Les saillies des objets établis dans les passages publics, ne donnant lieu au paiement d'aucun droit, il n'y a pas lieu à signaler celles qu'on y établit, à moins qu'elles n'aient plus de seize centimètres, parce que dans ce dernier cas elles doivent faire l'objet d'un rapport.

PATENTES.

Les patentes de tous fabricans, marchands, ou artisans, sont valables pour toute l'année dans laquelle elles ont été délivrées, et dans toute l'éteudùe du Royaume; elles sont personnelles et ne peuvent conséquemment servir qu'aux personnes y dénommées.

Celui qui expose des marchandises en vente, doit exhiber sa patente à toute réquisition des agens de l'autorité. (*Loi du 1er brumaire an 7*). Voir *Marchands Colporteurs*.

PAVÉS.-PAVEURS.

L'entreprise du pavé de Paris, est divisée en trois lots.

Les ateliers de pavage sout desservis par des tombereaux portant, savoir :

Ceux desservant les ateliers de *relevés à bout*, une plaque peinte de couleur fond rouge, avec ces mots en lettres noires : *Pavé de Paris, relevés à bout.*

Et ceux desservant les ateliers de réparations simples, une plaque de couleur fond bleu, avec ces mots en lettres noires : *Pavé et boulevarts de Paris, réparations simples.*

Ces tombereaux ne peuvent être employés pai

l'entrepreneur à d'autres services que celui auquel ils sont affectés.

Dans les rues que l'entrepreneur est autorisé à barrer, il doit être établi, par ce dernier, à chaque extrémité, des chevalets mobiles, pour laisser la faculté aux voitures qui remisent dans lesdites rues, d'y entrer et d'en sortir, en même tems qu'ils avertissent les voitures du public, que le passage est interrompu.

L'entrepreneur est également tenu d'assurer le passage des piétons, par des planches solides, partout où l'exécution des travaux rend cette mesure nécessaire.

Pour l'exécution des *relevés à bout*, l'entrepreneur doit disposer ses ateliers, de manière à n'interrompre la circulation que dans les rues au-dessous de dix mètres de largeur; il ne peut faire entreprendre les grandes rues dans toute leur largeur, l'un des côtés de la rue doit être achevé, avant d'arracher le pavé sur l'autre côté.

Vingt-quatre heures après l'achèvement du pavage, le chantier de travail doit être complètement nettoyé de tous matériaux, décombres, pavés de réforme, retailles, et autres débris de pavé. (*Instruction du Préfet de police*, *du* 25 *juillet* 1831, *et Ordonnance de Police*, *du* 8 *août* 1829.)

L'entrepreneur du pavé de Paris est tenu de faire éclairer par des appliques, les matériaux et les chantiers de travail, et de veiller à l'entretien de l'éclairage.

Lorsqu'il sera fait un *relevé à bout* dans les halles et marchés, aux abords des spectacles ou d'autres lieux très-fréquentés, désignés dans l'état qui en est dressé annuellement par l'ingénieur en chef du pavé de Paris et approuvé par le Préfet de police, il ne devra être entrepris que la quantité d'ouvrage qui pourra être terminé dans la journée.

Dans le cas ou il aurait été levé plus de pavé qu'il n'en était besoin, il devra être rebloqué, en sorte que la voie publique se trouve entièrement libre à la retraite des ouvriers.

Cette mesure s'étend à tous les *relévés à bout*, sans distinction, la veille des jours fériés.

Il est défendu à l'entrepreneur de faire snbstituer des tas de pavés aux chevalets mobiles qu'il est tenu d'établir aux extrémités des rues barrées.

Il est expressément défendu au public, de troubler les paveurs dans leurs ateliers, et de déplacer ou arracher les appliques, chevalets, pieux et barrières établis pour la sûreté des passans et de leurs ouvrages. (*Ordonnance précitée.*) Voir *Batardeaux*.

PÉAGE.

Le droit de péage des ponts de Paris, est fixé par un tarif affiché à chaque extrémité des ponts de l'Administration; en cas de difficultés pour le paiement de ce droit, on peut avoir recours audit tarif.

PÊCHE.

La surveillance de la pêche fluviale est exercée par les agens ou préposés de l'administration forestière. (*Loi du 14 Floréal an* 10.) Voir *Rivière*.

PERCHES EN SAILLIE.

Les perches et étendoirs des blanchisseurs, teinturiers, dégraisseurs, couverturiers, etc., ne peuvent être établis en saillie, aux fenêtres des maisons, que dans les rues écartées et peu fréquentées, et après avoir obtenu une permission du Préfet de police. (*Ordonnance du Roi, du 24 décembre* 1823.)

Il est défendu d'y déposer du linge, des étoffes et autres objets tellement mouillés, que les eaux puissent tomber dans la rue sur les passans. (*Ordonnances du Roi, du 24 décembre* 1823, *et de Police, du 9 juin* 1824.)

PERRONS.

Il est défendu de construire des perrons en saillie sur la voie publique.

Ceux actuellement existant seront supprimés, autant que faire se pourra, lorsqu'ils auront besoin de réparations. (*Ordonnance du Roi, du 24 décembre* 1823.)

PERSIENNES.

Il faut une permission du Préfet de police pour établir des persiennes aux fenêtres des maisons prenant jour sur la voie publique.

Leur saillie ne doit pas excéder 16 centimètres. (*Ordonnance du Roi, du 24 décembre* 1823.)

PÉTARDS. Voir ARTIFICE.

PIÈCES A CONVICTION. Voir ARRESTATIONS, FLAGRANT DÉLIT.

PIERRES DE TAILLE.

Les voitures chargées de pierres de taille et de moellons, ne peuvent entrer dans Paris, par d'autres barrières que par celles du Roule, des Martyrs, de Rochechouart, de la Villette, de Pantin, du Combat, de Ménilmontant, du Trône, de Fontainebleau, de la Santé, d'Enfer, du Maine, de Vaugirard et de l'Ecole-Militaire.

Il est enjoint aux conducteurs de ces voitures de les diriger dans Paris, par les rues les plus larges jusqu'au lieu du déchargement.

Il leur est défendu de s'engager dans aucune rue étroite où deux voitures ne peuvent passer à la fois avec facilité, à moins que ce ne soit le lieu de destination.

Il leur est aussi défendu, sous quelque prétexte que ce soit, de traverser le pont Saint-Michel et le pont Royal; ils doivent suivre les quais autant qu'il leur est possible.

Ils ne peuvent stationner momentanément sur la voie publique, pour reposer leur chevaux, que sur les places publiques.

Les conducteurs de voitures chargées de pierres, doivent toujours être munis, lors de leur passage dans Paris, du bulletin de mesurage, dûment quittancé, accompagné de la quittance du droit d'octroi, qu'ils doivent représenter à toute réquisition des préposés de la police.

Les voitures de moellons et pierres à plâtre doivent être garnies de fortes ridelles, devant, derrière et sur les côtés, de manière qu'aucune partie du chargement ne puisse tomber sur la voie publique.

Dans aucun cas, le chargement ne doit s'élever au-dessus des ridelles sur toute la superficie. (*Ordonnance de Police*, *du* 12 *mai* 1828.)

S'il arrive que le propriétaire de pierres abandonnées sur la voie publique soit inconnu, on doit consigner, avec soin, dans le rapport adressé au commissaire de police du quartier, à ce sujet, l'énonciation des marques subsistant sur lesdites pierres, parce que ces marques sont enregistrées au bureau de l'octroi, où l'on peut ensuite obtenir les noms du propriétaire de la carrière d'où elles proviennent, et l'adresse de la personne pour laquelle le chargement est destiné, afin de poursuivre les auteurs de la contravention. (*Circulaire du Préfet de police*, *du* 20 *mai* 1826.) Voir *Matériaux*.

PIERRES (JET DE).

Ceux qui jettent des pierres et autres corps durs ou des immondices, contre les maisons, édifices et clôtures d'autrui, dans des jardins ou enclos, encourent une amende de simple police. (*Article* 475 *du Code Pénal*.)

PIGEONS. Voir ANIMAUX MALFAISANS.

PILASTRES.

Pour établir des pilastres en bois ou en maçonnerie sur les murs de face des maisons à Paris, il faut une permission du Préfet de police.

Leur saillie ne peut excéder 16 centimètres. (*Ordonnance du Roi*, *du* 24 *décembre* 182.)

PILIERS DES HALLES.

Ils sont assimilés, pour la Police à y exercer, aux passages publics. *Voir* cet article.

PINCES. Voir LEVIERS.

PLACARDS.

Tout agent ou préposé de la Police qui trouve des placards séditieux, ou contenant des outrages envers le Roi ou les membres de la famille royale, en informe sur-le-champ le commissaire de police du quartier, qui les fait enlever en recueillant tous renseignemens propres à en faire découvrir les auteurs.

Il en est de même dans le cas où il s'agirait de placards traitant de matières politiques, à l'exception d'actes de l'autorité, l'afficheur ou l'individu trouvé le placardant, doit être conduit au bureau de police. (*Loi du* 10 *décembre* 1830.)

PLAFONDS D'AUVENTS.

Les établissemens de tableaux d'enseignes, dits plafonds d'auvents, peuvent être autorisés, pourvu qu'ils soient placés dans une direction inclinée. (*Ordonnance du Roi*, *du* 24 *décembre* 1823.)

PLANTATIONS. Voir ARBRES.

PLAQUES DE CHARRETTES. Voir CHARRETTES.

POIDS ET MESURES.

Chaque année, il est fait une vérification des poids et mesures par suite de laquelle il leur est appliqué l'empreinte d'un poinçon représentant une lettre alphabétique.

Tous les poids et mesures ne portant pas cette marque de vérification, peuvent être saisis et mis à la disposition des commissaires de police des quartiers.

Il est défendu aux marchands de se servir de pesons à ressorts et de poids en forme de cloches ou de toutes autres formes, lesquels semblent à la vue être d'une pesanteur du double des poids équivalens.

Il es défendu aux charpentiers, menuisiers, maçons et entrepreneurs de bâtimens, de se servir des anciennes toises et pieds de roi. (*Ordonnance de Police, du* 12 *avril* 1831.)

Ceux qui, par usage de faux poids ou fausses mesures, trompent sur la quantité des choses vendues, se rendent coupables d'un délit. (*Article* 423 *du Code Pénal.*) Voir *Balances.*

POIGNARDS. Voir ARMES PROHIBÉES.

POIS VERTS

Les pois, haricots et fèves en cosses apportés à Paris, pour l'approvisionnement de la halle, ne peuvent être déposés qu'aux endroits indiqués par le Préfet de police. (*Ordonnance de Police, du 23 prairial an 8.*)

Il est défendu aux écosseuses de pois, fèves et haricots, de jeter les cosses sur la voie publique, elles doivent être ramassées dans des paniers ou mannequins. (*Ordonnance de police, du 27 mai* 1726.)

POISSON.

Il est défendu d'aller au-devant du poisson destiné à l'approvisionnement de Paris, pour en arrher ou en acheter en route à peine d'amende et de confiscation du poisson. (*Ordonnance de Police, du* 31 *janvier* 1807.)

Le poisson arrivant par terre doit être conduit directement sur le carreau de la halle, pour y être vendu en gros et par lots, sans pouvoir en déposer ailleurs, sous quelque prétexte que ce soit. (*Ordonnance de Police, du* 25 *février* 1811.)

POLICE.

Les agens chargés de faire exécuter les lois et

règlemens, ceux surtout chargés de la police, doivent connaître positivement ce que la loi ordonne, défend et punit, et les peines qu'elle prononce.

La police, considérée dans ses rapports avec la sûreté publique, doit précéder l'action de la justice ; la vigilance doit être son caractère principal ; la société en masse est l'objet essentiel de sa sollicitude.

Les fonctions de la police sont délicates; si les principes en sont constans, leur application du moins est modifiée par mille circonstances qui échappent à la prévoyance des lois et règlemens ; ses agens ont besoin, pour l'exercer, d'une sorte de latitude de confiance qui ne peut se reposer que sur des hommes irréprochables.

Le choix des agens qui doivent être employés dans le service extérieur, est un des points les plus importans pour le maintien du bon ordre.

C'est un principe aussi dangereux qu'absurde de croire qu'un agent de police ne puisse pas être un homme honnête et probe ; il faut au contraire, qu'il soit doué de ces qualités pour lui accorder ce degré de confiance qui doit nécessairement accompagner l'exercice de cet emploi..... Une discipline exacte et sévère, doit maintenir la subordination parmi eux, et à côté des récompenses qu'ils peuvent mériter lorsqu'ils remplissent leurs devoirs avec une exactitude constante, il faut que la punition les atteigne à l'instant même qu'ils se rendent coupables de faits inexcusables.

POMPIERS. Voir INCENDIE.

PONTS.

Les ponts situés sur la Seine et les culées qui en dépendent, sont répartis comme il suit; savoir :

Le pont d'Austerlitz ou du Jardin-du-Roi, est sous la surveillance du commissaire de police du quartier du Jardin-du-Roi.

Les ponts de la Tournelle et Marie; du quartier de l'Ile Saint-Louis.

Les ponts de la Cité, Notre-Dame, Petit-Pont et Pont-aux-Doubles; du quartier de la Cité.

Les Ponts-au-Change et des Arts; du quartier du Louvre.

Le Pont Saint-Michel et le Pont Neuf dans toute sa longueur; du quartier du Palais de Justice.

Le Pont Royal; quartier des Tuileries.

Les Ponts de la Concorde et d'Iéna ou des Invalides; du quartier des Invalides. (*Arrêté du Préfet de police, du* 26 *décembre* 1822. Voir *Balayage, Cabriolets, Dégradations.*

PONTS A BASCULE.

Il existe près des grandes barrières de Paris des ponts à bascule desservis par des préposés *ad hoc*.

Toute voiture attelée de plus d'un cheval, dont les jantes et bandes de roues ont moins de 11 centimètres de largeur, (4 pouces 1 ligne), circulant chargée, sur un chemin public, doit être conduite au pont à bascule le plus voisin, pour, le propriétaire, d'après le procès-verbal du préposé, être traduit devant l'autorité compétente (le conseil de Préfecture).

Il en est de même de toute voiture dont le chargement paraîtrait excessif et qui semblerait vouloir entrer dans Paris, ou en sortir par une barrière où il n'existe pas de pont à bascule.

Dans ce second cas, le voiturier ne peut continuer sa route, qu'après avoir déchargé l'excédant du poids légal.

Il est défendu aux préposés des ponts à bascules, de recevoir eux-mêmes les amendes, à peine de destitution et d'être poursuivis comme concussionnaires.

L'infraction de cette espèce doit être dénoncée au Préfet de police qui a la surveillance de ces préposés. (*Décret du* 23 *juin* 1806 *et Loi du* 29 *floréal an* 10.)

PORCS.

Toutes ventes et achats de porcs vivans sont défendus, dans le ressort de la Préfecture de police, ailleurs que sur les marchés à ce affectés.

Il est défendu d'abattre et brûler aucun porc dans Paris, ailleurs qu'aux abattoirs.

On ne peut vendre et colporter sur la voie publique, aucun espèce de viande de charcuterie et autres. (*Ordonnance de Police, des 4 floréal an 12 et 25 septembre 1815.*)

PORTES D'ENTRÉE DES MAISONS.

Les portes d'entrée des maisons, à Paris, doivent être fermées, en tous tems, à onze heures du soir, par assimilation aux règlemens de police qui prescrivent la clôture de tous les lieux publics à l'heure précitée.

L'ordonnance de police du 8 novembre 1780 fixe à huit heures du soir, en hiver, cette fermeture, et à dix heures, en été, mais il est hors d'usage de constater ces sortes de contraventions, avant onze [illegible] du soir.

[illegible]ES OUVRANT EN DEHORS.

Il faut une permission du Préfet de police, pour établir des portes ouvrant en dehors, sur la voie publique.

PORTEURS DE CHARBON. Voir CHARBON.

PORTEURS DANS LES HALLES ET MARCHÉS.

Tous les porteurs dans les halles et marchés doivent être pourvus de permission du Préfet de police; cette permission indique en marge le signalement du porteur; ils doivent être munis d'une médaille ou plaque, sur laquelle sont empreints, les noms, prénoms, surnoms du porteur, ainsi que son numéro d'inscription.

Cette plaque est frappée en outre d'un poinçon particulier, pour en prévenir la contrefaçon.

Les plaques ou médailles ne sont valables que pour un an; l'une carrée est destinée aux années impaires, et l'autre en losange est destinée aux années paires.

Toutes les plaques destinées aux années paires, sont nulles dans les années impaires et réciproquement.

Les porteurs ne peuvent entrer dans les marchés avant l'heure de leur ouverture; ils doivent porter leurs plaques attachées au bras droit.

Le numéro de la plaque doit être répété à l'endroit le plus apparent de la hotte ou du crochet, sans que cette répétition dispense du port de la plaque qui seule justifie de l'agrément de l'Administration.

Les porteurs pourvus de plaques peuvent seuls être employés sur les marchés, sans que toutefois cette disposition préjudicie au droit qu'a tout acquéreur d'emporter lui-même sa marchandise ou de la faire emporter par les personnes attachées à son service. (*Ordonnance de Police, du* 13 *mai* 1831.)

PORTEURS D'EAU.

Tous les porteurs d'eau qui veulent exercer leur profession dans Paris, sont tenus de faire une déclaration à la Préfecture de police; il leur est délivré pour chaque tonneau un certificat d'inscription, dit *carte de roulage*, qui doit être visé et enregistré par le commissaire de police du quartier de leur domicile; ce certificat doit mentionner l'indication du lieu où *remise* le tonneau.

Il n'y a qu'une série de numéros; les impairs sont donnés aux tonneaux à bras et les pairs aux tonneaux traînés par des chevaux.

Les brancards de tonneaux, soit à bras, soit à cheval, ne peuvent saillir en arrière des roues, de plus d'un pied.

Le numéro de police doit être peint sur le fond de derrière en chiffres arabes rouges, de 8 centimètres de hauteur, dans un écusson blanc.

Au dessous du numéro doivent être également

peints, en lettres rouges, le nom et la demeure du propriétaire du tonneau.

Il est défendu de puiser aux fontaines publiques, hors les cas d'incendie.

Il est accordé une prime aux propriétaires de tonneaux qui arrivent les premiers à l'incendie. (12 francs au premier et 6 francs au second.)

Ils ne peuvent traverser les halles du centre avant dix heures du matin, en tous tems; faire stationner leurs tonneaux sur la voie publique, si ce n'est pendant le tems nécessaire pour servir leurs pratiques; leurs tonneaux doivent être remplis chaque soir pour rentrer sous remise.

Les porteurs d'eau ne peuvent se servir que de garçons, porteurs de papiers de sûreté et d'un livret de domestique. Le conducteur d'un tonneau doit toujours être muni de la carte de roulage et la représenter à toute réquisition des préposés de la police.

Les porteurs d'eau à tonneaux ne peuvent puiser à la rivière qu'aux puisoirs et pompes établis à cet effet. (*Ordonnance de Police, du 24 novembre* 1829.)

Tout porteur d'eau à tonneau pris en contravention doit être conduit au bureau de police du quartier, pour y consigner la somme de *quinze francs*, comme garantie de l'amende encourue par lui. (*Décision du Préfet de police, du 30 mars* 1830.)

PORTS.

Il est défendu d'établir aucune espèce de jeux ou de spectacles ambulans sur les ports et berges de Paris.

Il est aussi défendu de faire passer aucune espèce de voitures sur les cordes qui servent à *fermer* les trains ou bateaux, d'en *déférmer* ou fatiguer les cordes; on ne peut faire du feu ou fumer sur les ports.

Il est défendu d'emporter des bûches, perches, harts, et débris de dessus les ports. Cette défense s'étend aux ouvriers qui travaillent au tirage, débardage et transport des bois. (*Ordonnance de Police, du 26 mars* 1829.)

POTENCES. Voir LANTERNES.

POTEAUX D'ARROSEMENT. Voir BORNES-FONTAINES.

POTS A FLEURS. Voir FENÊTRES.

POUDRE A TIRER.

La vente de la poudre de chasse ne doit se faire que par des débitans commissionnés par la régie des contributions indirectes.

Les débitans doivent tenir un registre timbré,

pour inscrire les noms, profession et demeure des personnes qui en achètent.

L'Ordonnance de police, du 3 février 1821, doit être placardée dans le lieu le plus apparent de la boutique ou du magasin du débitant.

POUDRES DÉTONNANTES ET FULMINANTES.

On ne peut fabriquer ni vendre des poudres détonnantes et fulminantes, sans une permission du Préfet de police.

Les débitans, comme ceux de poudre à tirer, doivent également tenir un registre timbré pour l'inscription des noms et demeure des acheteurs. (*Ordonnances du Roi, du* 25 *juin* 1823, *de Police, du* 21 *juillet suivant, et Circulaire du Préfet de police, du* 27 *mars* 1824.)

POULIES SAILLANTES.

On ne peut établir de poulies saillantes, donnant sur la voie publique, sans une permission du Préfet de police.

POULES.

Il est défendu d'élever et nourrir des poules dans Paris, comme de les laisser vaguer, ainsi que d'autres volailles, sur la voie publique; la permission d'en élever et nourrir contient toujours la condition de les renfermer. (*Ordonnance de Police, du 3 décembre* 1829.)

PRÉFECTURE DE POLICE.

Les attributions de la Préfecture de police sont divisées ainsi qu'il suit :

CABINET PARTICULIER.

L'ouverture de la correspondance ; les affaires confidentielles ; celles relatives à la politique.

SECRÉTARIAT GÉNÉRAL.

Première section.

L'enregistrement des dépêches ; les sociétés anonymes ; le personnel des officiers de la garde municipale et des sapeurs-pompiers ; les colléges royaux ; les naturalisations, les délimitations de quartiers et de communes.

2e *section.*

Le travail relatif au personnel de l'administration, traitemens, indemnités, gratifications, secours, avances, congés ; les mesures d'ordre et de discipline ; la répartition des frais de bureaux ; la comptabilité des fonds alloués spécialement pour le personnel de chaque partie du service.

3e *section.*

Les archives ; la recherche et le classement des dossiers des affaires terminées ; la mise en ordre des ordonnances ; le dépôt et la remise des pièces à conviction et des objets saisis ou trouvés.

La comptabilité générale, le *visa* et la conservation des oppositions sur les traitemens, la caisse, etc.

PREMIÈRE DIVISION.

PREMIER BUREAU.

Première section.

Le personnel des sous-officiers de l'administration du corps de la garde municipale et des sapeurs-pompiers de Paris; le budget de ces corps; la police des théâtres, spectacles, bals et autres réunions publiques; les masques, déguisemens et travestissemens, les suicides, les disparitions ou enlèvemens de mineurs; les recherches de famille; les morts accidentelles; les enfans morts-nés; les lois relatives au culte; l'état-civil; les affiches, afficheurs, crieurs publics; les baladins; les saltimbanques; les commissionnaires près les théâtres; les contraventions relatives au timbre, aux loteries clandestines; la surveillance des maisons de jeu; les billards publics et la répression des jeux de hasard sur la voie publique; les cercles, réunions, associations, sociétés littéraires et scientifiques, cabinets de lecture et les établissemens d'instruction publique; l'imprimerie, la librairie; les étalagistes de livres et de gravures; les mesures d'ordre à observer à l'occasion des fêtes et cérémonies publiques; les attroupemens et réunions menaçant la tranquillité publique.

2e *section.*

Les retardataires et les déserteurs de terre et de mer; les prisonniers de guerre de terre et de mer; les prisonniers de guerre évadés; les marins réfractaires; les certificats pour enrôlemens volontaires et remplacemens dans l'armée; les armes prohibées et celles à feu; les poudres, salpêtres, la chasse; les postes militaires; les marchandises prohibées; la fraude; les contributions indirectes; le dépôt des marques de fabrication de coton filés tissus et tricots de la nature de ceux dont l'importation est prohibée; les sociétés de secours mutuels; les hôtels et maisons garnies; les logeurs; les coalitions des maîtres et des ouvriers pour abaisser ou renchérir les salaires.

2e BUREAU.

Les passe ports à l'étranger et à l'intérieur du royaume; le *visa* des permissions ou congés des militaires ou marins qui veulent séjourner ou résider à Paris; les permis de séjour, les cartes de sûreté et d'hospitalité; le port d'armes pour la chasse; les livrets d'ouvriers et garçons de toutes professions; les secours alloués aux voyageurs indigens.

3e BUREAU.

Les ateliers, manufactures, laboratoires et autres établissemens dangereux, insalubres, ou incommodes; les usines et appareils du gaz pour l'éclairage, les machines à vapeur; les vacheries, porcheries, suifferies, chandelleries, les fours à chaux et à plâtre; l'abattage et l'écarrissage des chevaux morveux et autres animaux attaqués de maladies contagieuses; les écarrisseurs; les fosses vétérinaires; les voiries de Montfaucon et de Bondy; les puits gâtés, la surveillance des vases et ustensiles de cuivre; les alimens corrompus ou nuisibles, et en général tout ce qui intéresse la salubrité et la santé publique; les médecins, chirurgiens, pharmaciens, officiers de santé, sage-femmes, herboristes, épiciers-droguistes; les remèdes secrets; les amphithéâtres et salles de dissection; les eaux minérales naturelles et artificielles; les maladies épidémiques; la vaccine; les épizooties; les artistes vétérinaires; les cimetières, les sépultures particulières; les inhumations; les décès qui ont lieu dans les hôpitaux et hospices de Paris.

2e DIVISION.

Les crimes et délits contre la sûreté des personnes et des propriétés; les procès-verbaux et renseignemens judiciaires; les mesures préventives d'ordre et de sûreté; la surveillance des forçats, reclusionnaires, vagabonds et autres condamnés libérés; la répression du vagabondage et de la mendicité; les évadés des bagnes et des prisons; la recherche des personnes disparues de leur domicile; le recueil des arrêts et jugemens criminels et correctionnels; la surveillance de la garantie des matières d'or et d'argent; les laminoirs, moutons, presses, balanciers, découpoirs; le Mont-de-Piété; les encans, les salles de vente, les brocanteurs; les commissionnaires stationnant sur la voie publique; les domestiques, les cochers de remises; les infirmiers; les porte-fallots et chiffonniers ambulans.

2e BUREAU.

L'interrogatoire et le renvoi des prévenus devant le Procureur du Roi; l'examen des individus qui se présentent pour entrer dans les hôpitaux ou qui sollicitent leur admission dans les maisons de travail et de mendicité; la recherche et la poursuite des délits et contraventions qui intéressent la morale publique; les filles publiques; les maisons de débauche et la répression de la prostitution.

3e BUREAU.

Le régime intérieur des prisons, maisons d'arrêt, de justice, de force, de détention et de répression; la délivrance des permis de communiquer avec les prisonniers; la surveillance des maisons de correction paternelle ; les transfermens et l'extraction des prisonniers ; les aliénés ; l'envoi aux hospices des enfans abandonnés ou égarés ; les maisons de santé, de sevrage ; les nourrices, les renseignemens relatifs au recouvrement des amendes et frais dus au domaine en matière civile, criminelle et correctionnelle.

3e DIVISION.

Les subsistances et approvisionnemens en comestibles ; les halles et marchés ; les magasins à fourrages ; la caisse de la volaille et du gibier ; celle de la marée ; la surveillance des marchés de Sceaux et Poissy ; les échaudoirs, fondoirs et étaux ; la boucherie et la charcuterie ; la taxe du pain ; la tenue des mercuriales ; la triperie ; la saisie des comestibles corrompus ou nuisibles ; la Bourse ; les agens de change et courtiers de commerce ; le personnel des ouvriers et gardiens des halles et marchés ; les poids et mesures ; le pesage, mesurage et jaugeage publics ; les halles et marchés, ports et chantiers ; la perception des droits sur la navigation de la Seine ; les canaux dans le ressort de la Préfecture de police ; l'entretien et le curage des rivières de Bièvre, Croult et Rouillon ; les ports et chemins de halage ; le garage des bateaux, les débordemens et débâcles ; les établissemens sur la rivière ; les bateaux à vapeur ; les secours aux noyés et asphyxiés et le placement des boîtes à secours ; l'entretien des brancards destinés au transport des noyés, blessés ou asphyxiés ; la Morgue ; l'approvisionnement en combustibles ; les chantiers de bois à brûler et à œuvrer ; les fabriques, places de vente et magasins de charbon de bois ; les débitans de bois et charbon ; les dépôts de charbon de terre ; les ouvriers des ports et places ;

les marchands de vin; les brasseries; la saisie des boissons falsifiées, corrompues ou nuisibles.

2e BUREAU.

La petite voirie; les bâtimens en construction et en péril; les mal-façons qui compromettent la sûreté publique; la clôture des terrains vagues; les étalages mobiles ou sédentaires; les caisses, pots à fleurs et autres objets exposés au-devant des maisons; l'entretien et la vidange des fosses d'aisances; les appareils de fosses mobiles; les dépôts de matériaux; les tranchées et fouilles sur la voie publique; l'entretien et la réparation des trottoirs; les réparations du pavé public; la surveillance des carrières et des monumens et édifices publics, dont la conservation est confiée à l'autorité.

3e BUREAU.

Le nettoiement, l'éclairage et le balayage; les égoûts, les aquéducs, puits et fontaines; les porteurs d'eau; l'arrosement; le ramonage et les ramoneurs; les incendies; les magasins des pompes, réservoirs, tonneaux, seaux et autres objets destinés à porter secours aux incendies; les messageries et autres voitures publiques, les carrosses de place; les cabriolets; les voitures de transport en commun; les charrettes et haquets; les cochers, postillons et charretiers; les ponts à bascule; la police du roulage.

PRÉFET DE POLICE.

Les attributions du Préfet de police sont fixées par les arrêtés du Gouvernement des 12 messidor an VIII, et 3 brumaire an IX; par la loi du 22 germinal an XI, et par le décret du 21 messidor an XII.

Il exerce son autorité, sous le rapport de la Police administrative, dans toute l'étendue du département de la Seine, et dans les communes de Saint-Cloud, Meudon et Sèvres du département de Seine-et-Oise.

Il a sous ses ordres les commissaires de police de Paris et de la banlieue;

Le commissaire de police de la Bourse;

Le chef de la Police municipale;

Les inspecteurs-généraux des halles et marchés de la navigation et des ports;

Le contrôleur-général du recensement du bois et charbon;

Le contrôleur-général de la halle aux grains et farines, et autres chefs de service extérieur;

Les officiers de paix, etc.

PRÉVENUS. Voir Arrestations.

PRISES DE CORPS. Voir Frais de Justice.

PROSTITUTION. Voir Filles publiques.

PROVOCATION.

Est réputée provocation au crime ou au délit, l'enlèvement ou la dégradation des signes publics de l'autorité royale, opéré par haine ou mépris de cette autorité; le port public de tous signes extérieurs de ralliement non-autorisés par le Roi ou par des règlemens de police (*Loi du 17 mai 1819.*) Voir *Rébellion*.

PUITS.

On ne peut percer, approfondir, sonder ou réparer un puits, sans une déclaration préalable à la Préfecture de police.

Quelle que soit la construction des puits, ils doivent être entourés de mardelles en maçonnerie ou avec des barres de fer.

Les propriétaires ou principaux locataires sont tenus d'entretenir les puits de leurs maisons en état de service, garnis de cordes, poulies et seaux, ou d'avoir soin que les pompes ou autres machines hydrauliques qui y sont établies, soient constamment maintenues en bon état, pour qu'on puisse s'en servir en cas d'incendie. (*Ordonnance de Police, du 4 août* 1815.)

QUAIS.

Ils sont voie publique; tous les règlemens concernant les rues leurs sont applicables.

Le quai de Gèvres doit appeler d'une manière particulière l'attention des agens de l'Administration de la Police, sous le rapport de sa fréquentation par des mauvais sujets qui y affluent utour des arracheurs de dents et des marchands comestibles, et y commettent journellement des filouteries.

Ce quai, par sa situation, près des quartiers populeux, et son exposition au soleil du midi, est le rendez-vous des oisifs, pendant les saisons froides ou tempérées.

QUILLES. Voir Jeux sur la voie publique.

QUINZE-VINGTS. Voir Maisons royales.

RAMONEURS.

Les ramoneurs qui exercent leur état, à Paris, sont tenus de se faire enregistrer au bureau du commissaire de police du quartier des marchés; il leur est délivré un bulletin d'enregistrement, qu'ils doivent représenter à toute réquisition des agens et préposés de la Police. (*Ordonnance de Police, du* 16 *juin* 1806.) (1)

RACOLAGE. Voir Temple.

RAPPORTS.

Les rapports des préposés ou agens de la police, doivent énoncer d'une manière précise:

1°. La nature et les circonstances des contraventions;

---

(1) Ce règlement paraît être tombé en désuétude.

2°. Le tems et le lieu où elles ont été commises ;

3°. Les preuves à la charge des prévenus ;

4°. Les noms, profession, demeure des contrevenans, et leur âge; quand, à raison de cette circonstance, leurs parens sont civilement responsables. Dans ce dernier cas, indiquer les noms, profession et demeure des personnes responsables.

Dans l'énonciation de tems, il ne faut jamais omettre l'heure, surtout quand elle est une circonstance déterminant la contravention, ou aggravante.

Quant aux autres circonstances, elles sont trop nombreuses pour en donner des exemples. On évitera toute omission à cet égard, en faisant une lecture attentive et en se pénétrant de l'espèce du règlement que l'on est appelé à faire exécuter.

Aux termes de l'article 154 du Code d'instruction criminelle, les rapports des agens ou préposés n'ayant pas reçu de la loi, le droit d'être crus jusqu'à inscription de faux, peuvent être débattus par des preuves contraires, si le tribunal juge à propos de les admettre.

Cependant la simple dénégation du prévenu, sans administrer aucune preuve contraire au rapport, doit être insuffisante pour faire renvoyer un prévenu de la plainte.

Les matières qui motivent les rapports sont si variées qu'il parait suffisant de ne donner que quelques modèles de leur contexture dont on ne fait usage que dans des cas extrêmement rares, puisque, d'après une instruction du Préfet de police, en date du 27 novembre 1829, tout agent qui acquiert la connaissance d'un fait que les lois ou règlemens déclarent punissable, doit le dénoncer au commissaire de police du quartier, qui en rédige un procès-verbal pour être transmis à qui de droit.

Il n'y a donc lieu, pour les agens, de rédiger des rapports que dans les cas suivans, savoir :

1°. Lorsqu'ils ne peuvent se rendre de suite au bureau du commissaire de police ;

2°. Lorsqu'ils ne trouvent personne au bureau de police du quartier dans lequel le fait a eu lieu ;

3°. Lorsqu'il s'agit de contraventions mobiles ou fugitives, telles que charretiers conduisant leurs voitures avec trop de rapidité, charrettes surchargées de bois ou de pierres et pour d'autres semblables faits.

Pour les contraventions locales, c'est-à-dire, celles commises par les domiciliés dans les quartiers où elles ont lieu, elles doivent être déférées aux commissaires de police respectifs, ainsi qu'il a été dit précédemment, soit par une déclaration, soit par un *rapport spécial*, s'ils l'exigeaient.

Il faut aussi admettre en principe, que toutes les contraventions ne peuvent être constatées par *un seul préposé*, à moins que ce ne soit dans le voisinage d'un poste, parce qu'alors on peut faire intervenir, comme témoins, la force-armée, dont il faut indiquer les noms et corps auxquels elle appartient, ou encore, à proximité d'un bureau de police, pendant l'ouverture, parce que si l'on peut y amener le contrevenant, soit par la voie de la persuasion, soit par tout autre moyen, le commissaire de police ou son secrétaire, constate le fait, d'après les explications contradictoires données par les parties.

(*Voir* les formules à la fin de ce recueil.)

RASSEMBLEMENS. Voir Attroupemens.

RAVAGEURS OU GRATTEURS DE RUISSEAUX. Voir Dégradations.

RAVALEMENS.

Les travaux de ravalemens des maisons bordant la voie publique, doivent fixer l'attention des agens dans leurs rondes ou tournées, sous le rapport des précautions à prendre pour éviter de blesser ou incommoder les passans. Voir *Echafauds*.

RÉBELLION.

Toute attaque, toute résistance, *avec violences* et voies de fait envers les officiers ou agens de la Police administrative ou judiciaire, agissant pour l'exécution des ordres ou Ordonnances de l'autorité publique, des mandats de justice ou jugemens, est qualifiée, suivant les circonstances, crimes ou délits. (*Article* 209 *du Code Pénal.*)

RECÉLEURS.

Recéler ou acheter sciemment des choses volées, détournées ou obtenues à l'aide d'un vol, c'est se rendre coupable de complicité de vol. (*Article* 380 *du Code Pénal.*)

Ceux qui recèlent ou font recéler des personnes qu'ils savent avoir commis des crimes emportant peine afflictive, sont passibles de poursuites correctionnelles. (*Article* 248 *du Code Pénal.*) Voir *Achats d'objets volés.*

REFUS DE SECOURS. Voir FLAGRANT DÉLIT.

RÉJOUISSANCES PUBLIQUES.

L'allégresse publique à l'occasion de la fête du Roi, est un sentiment trop honorable, pour que les agens ou préposés de l'Administration ne s'empressent pas d'en favoriser la manifestation.

Il convient, toutefois, de veiller à ce qu'elle ne compromette pas le bon ordre, ni la sûreté publique, et, dans ce but, on ne doit tolérer aucune infraction, à la défense de tirer des armes à feu, ou des pièces d'artifice, attendu que des accidens graves peuvent être le résultat de cet amusement.

RÈGLEMENS DE POLICE.

Lorsque les règlemens ont été publiés ou affichés, suivant l'usage, personne n'est censé les ignorer.

Toute contravention à un règlement de police, lors même que ce règlement ne prononcerait aucune peine, donne lieu à des peines de simple police: ainsi jugé par la Cour de Cassation.

REGRATTIÈRES. Voir Halles et Marchés.

RÉPARATIONS DE BATIMENS.

On ne peut faire aucune réparation à un mur de face, sans avoir préalablement justifié d'une permission au commissaire de police. (*Ordonnance de Police*, *du* 8 *août* 1829.) Voir *Barrières*. — *Echafauds*.

REMÈDES SECRETS.

Il est défendu aux pharmaciens de vendre ou d'annoncer aucune préparation pharmaceutique indiquée comme préservatif de maladies ou affections quelconques et qu'ils déguiseraient sous la dénomination de cosmétiques.

Ces dispositions sont applicables aux docteurs en médecine et en chirurgie, officiers de santé et sage-femmes qui annoncent ou font annoncer des remèdes secrets.

L'annonce de remèdes secrets autorisés doit contenir le titre tel qu'il est décrit dans l'autorisation, et ne renfermer aucun détail susceptible de porter atteinte à la morale publique.

Elle ne peut, dans ce cas, être placardée qu'après les formalités voulues pour le placardage des affiches en général.

Les publications faites dans les carrefours, places publiques, foires et marchés, de remèdes et préparations pharmaceutiques, sont sévèrement prohibées.

Les propriétaires et inventeurs de remèdes, les éditeurs de journaux ou feuilles périodiques, les imprimeurs ou afficheurs qui, contreviennent aux dispositions qui précèdent, sont passibles de peines correctionnelles (*Loi du* 21 *germinal* ar 11, et *Ordonnance de Police*, du 21 juin 1828.)

REPÊCHAGE DE NOYÉS.

Le Préfet de police décerne des médailles, lorsqu'il le juge convenable, à tous ceux qui se sont distingués par leur zèle et leur dévoûment à secourir les noyés.

Il est accordé une récompense de 25 francs à celui qui repêche un individu vivant, et une de 15 francs, lorsqu'il est repêché mort. (*Ordonnance de Police, du 2 décembre* 1822.) Voir *Boîtes à secours. — Hôpitaux.*

REPRIS DE JUSTICE.

Les repris de justice sont les individus déjà condamnés, par jugemens, à des peines correctionnelles ou criminelles.

RÉVÉLATIONS.

La révélation tendant à sauver la vie ou l'honneur d'un particulier ou à prévenir un crime ou délit, contre la sûreté de l'Etat, est un devoir pour tout citoyen. Voir *Dénonciation.*

RIGUEURS ILLÉGALES.

Lorsqu'un particulier inculpé d'un crime ou d'un délit quelconque, se trouve arrêté, soit entre les mains de la force-armée, soit entre les mains d'agens ou préposés de la Police, on ne doit lui faire subir aucun châtiment ni violence corporelle, ni mauvais traitemens, sous prétexte d'obtenir des aveux.

RIVIÈRE.

Il est défenu, sous quelque prétexte que ce soit, de placer des pierres ou pavés sur le bord de la rivière.

Il est aussi défendu de faire du feu sur les trains de bois et bateaux, excepté cependant sur les bateaux ayant foyers, ainsi que d'y tirer des fusées, pétards, boîtes, pistolets et autres armes à feu.

Défense de fumer sur les bateaux chargés de marchandises susceptibles de s'enflammer.

La pêche est défendue sur la rivière, pendant la nuit; les embarcations qui y serviraient doivent être saisies et consignées jusqu'à nouvel ordre.

Les mariniers passeurs d'eau et autres ne peuvent transporter des marchandises ou conduire des personnes sur la rivière pendant la nuit. (*Ordonnance de Police, du 26 mars 1829.*)
Voir *Bains.* — *Ports.*

RONDES DE NUIT.

Les rondes de nuit, dites patrouilles grises, doivent marcher lentement et les agens qui les composent s'échelonner deux à deux, de manière à ne pas circuler en troupe.

Leur surveillance doit s'étendre sur les individus qui stationnent sur la voie publique à heure indue, ou qui sembleraient y faire le guet, surtout les porteurs de paquets, et enfin sur tous ceux dont les démarches paraîtraient suspectes.

Ils doivent conduire les personnes arrêtées, au poste le plus voisin, où le chef de la ronde les examine et statue provisoirement sur la retenue de ceux qui ne donneraient pas d'explications suffisantes ou ne justifieraient pas de papiers de sûreté en règle.

Cette surveillance doit aussi s'étendre aux contraventions relatives à la fermeture des lieux publics, ouverts à heure indue, ainsi qu'à la fermeture des portes d'entrées des maisons. (*Arrêté du Préfet de police, du* 23 *novembre* 1825, *et Circulaire du* 31 *octobre* 1826.)

ROTISSEURS.

Les marchands de volailles, gibier ou les rôtisseurs ne peuvent former d'étalage extérieur à leurs boutiques; conséquence des règlemens qui prohibent tout étalage extérieur de viande. Voir *Bouchers*.

RUCHES A MIEL.

Les ruches ne sont tolérées, dans les villes, qu'autant qu'il ne peut en résulter aucun inconvénient ni danger pour les voisins, sous le rapport de la piqûre des abeilles.

RUES NON PAVÉES.

Il est enjoint à tous les propriétaires de maisons et terrains situés le long des rues et portions de rues non pavées, de faire combler chacun au droit de soi, les excavations, enfoncement et ornières.

Ils sont tenus d'entretenir en bon état le sol desdites rues, et de conserver ou rétablir les pentes nécessaires pour procurer aux eaux un écoulement facile.

Les rues non pavées qui deviennent impraticables pour les voitures, doivent être barrées de manière que tous les accidens soient prévenus. (*Ordonnance de Police, du* 8 *août* 1829, *article* 37.)

SABLE DE RIVIÈRE.

On ne peut tirer du sable dans le lit de la rivière, à Paris, qu'à cinquante mètres de distance tant en *amon* qu'en *aval* du Pont-Royal; à vingt-cinq mètres des autres ponts, et à dix mètres des murs des quais.

Il ne peut être formé sur les ports et berges, aucun dépôt de sable, sans une permission du Préfet de police. (*Ordonnance de Police, de* 1813.)

SAILLIES D'ENSEIGNES.

Il est défendu de placer aucune saillie d'enseignes et autres, sur les murs de face des maisons de Paris, sans une permission du Préfet de police.

On ne peut établir aucune espèce de saillie sur un autre saillie, tel qu'un tableau sur un auvent, ou sur une devanture de boutique déjà saillante, parce que la saillie de ces deux objets réunis excéderait celle de seize centimètres. (*Ordonnance du Roi, du* 24 *décembre* 1823.) Voir *Balcons; Crochets d'étalage; Devantures.*

SAINT-CLOUD.

Chaque année le Préfet de Police, rend une ordonnance pour les mesures de police à observer pendant les trois dimanches que dure cette fête; il faut s'y reporter pour l'exécution.

SALPÊTRES.

Lorsque un tas de gravois salpêtrés, existant sur la voie publique, a été marqué par un salpêtrier (cette marque se figure de plusieurs manières sur la face de la maison; comme celles-ci par exemple: × ± I +) et que ce dépôt embarrasse la rue; l'enlèvement est à la charge de salpêtrier qui l'a marqué et non à celle du propriétaire de la maison ou de l'entrepreneur des travaux.

La loi accorde dix jours aux salpêtriers pour l'enlèvement des gravois salpêtrés.

Les agens doivent se borner à les signaler au commissaire de police du quartier, lorsqu'ils y reconnaissent des marques de l'espèce ci-dessus, pour qu'il puisse requérir leur prompt enlèvement auprès de qui il appartient.

Il existe dans chaque commissariat de police, un tableau représentant toutes les marques de salpêtriers de Paris et indiquant leur demeure. (*Circulaire du Préfet de police, du 17 décembre 1822.*)

SALTIMBANQUES.

Aucun individu ne peut exercer le métier de saltimbanque dans les rues et places publiques de Paris ou des communes rurales du ressort de la préfecture de police, sans avoir obtenu une permission du Préfet de police, laquelle doit être renouvelée tous les ans (1).

Tout saltimbanque est tenu de porter une plaque où doivent être inscrits son nom, et le numéro de sa permission ; cette plaque doit être portée de manière à être aperçue facilement.

Les baraques et étalages des saltimbanques doivent porter le même numéro, en gros caractères.

Aucun saltimbanque ne peut exercer sur les places publiques d'autre industrie que celle désignée dans sa permission ; les rues, les carrefours et les ponts leur sont interdits.

Les permissions portent la liste des emplacemens où il est permis aux saltimbanques de stationner dans Paris. (Voir *La note indiquant des emplacemens.*) (2) Ils ne peuvent y paraître

---

(1) Toutes les permissions antérieures au 1er janvier 1832, sont nulles.

(2) 1°. Boulevard de l'Hôpital ; 2° Montagne Sainte-Geneviève, devant le marché des Carmes ; 3° place Saint-Sulpice, vis-à-vis le séminaire ; 4° marché Saint-Germain, rue Clément ; 5° butte Mont-Parnasse, près la barrière de ce nom ; 6° carrefour de l'Observatoire, près la grille du Luxembourg ; 7° place de l'Institut ; 8° quai d'Orsay, vis-à-vis le quartier de cavalerie ; 9° carrefour Saint-Benoît ; 10° rue de Sèvres, près l'hospices de Menages ; 11° place de la Bastille ; 12° quai des Ormes ; 13° place

avant huit heures du matin et après six heures du soir, depuis le 1er octobre jusqu'au 1er avril, et après neuf heures du soir du 1er avril au 1er octobre.

Il leur est défendu de tirer les cartes, de dire la bonne-aventure, d'interpréter les songes et de vendre ou distribuer aucune espèce de papiers écrits ou imprimés.

Nul ne peut, à moins d'une autorisation spéciale, rassembler les passans au son de la caisse

---

des Poudres et Salpêtres; 14° place du Marché-Neuf; 15° place du Parvis-Notre-Dame; 16° barrière du Trône; 17° rue Saint-Antoine, près le poste Biragne; 18° place du marché Popincourt; 19° rue de Vendôme; 20° place Boucherat, 21° place Royale; 22° place du Jardin-des-Plantes; 23° boulevard Bondi, près le Château-d'Eau, la première allée bordant la chaussée du boulevart exceptée; 24° boulevart Bonne-Nouvelle, côté de la rue Hauteville, à partir de l'axe de cette rue, à l'exception des deux premières allées, près la chaussée pavée; 25° boulevard de la Galliote; 26° dans les contre-allées des Champs-Élysées, à l'exception des trois allées bordant la grande avenue de Neuilly; 27° et sur la place de la Madeleine, du côté de la rue Tronchet. (*Cette désignation rend nulle l'indication des emplacemens faite à l'article Chanteurs; l'Ordonnance de Police du 24 décembre 1831, ayant été rendue postérieurement à l'impression des pages 70 et 71*).

ou de la trompette, sous peine d'être privé de sa permission.

Les contrevenans doivent être arrêtés et conduits, à Paris, devant un commisaire de police, et, dans les communes rurales, devant le maire. (*Ordonnance de Police*, *des* 3 *avril* 1828 et 14 *décembre* 1831.)

SALUBRITÉ.

Il y a un inspecteur-général de la salubrité pour Paris; il a sous ses ordres les inspecteurs de ce service qui comprend le nettoyement de la voie publique, des égoûts et l'arrossement public.

SAPEURS-POMPIERS.

Le corps de sapeurs-pompiers de Paris, divisé en quatre compagnies, est placé sous les ordres immédiats du Préfet de police, lequel décerne et provoque des récompenses méritées par les militaires de ce corps qui ont donné des preuves de leur zèle et de leur courage lors des incendies. Voir *Incendie*.

SECRETS.

Tous médecins, chirurgiens, officiers de santé, pharmaciens, sage-femmes et toutes autres personnes dépositaires, par état ou profession, des secrets qu'on leur confie, qui, hors le cas où la loi les y oblige, tout révélé ces secrets, sont punis correctionnellement. (*Article* 378 *du Code Pénal.*)

SERGENS DE VILLE.

Le corps des sergens de ville a été institué par une Ordonnance de Police du 12 mars 1829, puis réorganisé par une autre Ordonnance de Police du 8 septembre 1830, qui en détermine l'uniforme ainsi qu'il suit:

Habit de drap bleu de roi, fermé sur le devant par neuf gros boutons, collet ouvert, le vaisseau des armes de Paris aux retroussis, et deux pattes blanches au collet.

En hiver, redingote croisée, collet droit, même drap et mêmes boutons, pantalon de drap bleu, épée, ceinturon et chapeau à la française.

Il existe des brigadiers parmi les sergens de ville, portant un galon d'argent sur chaque manche de l'habit ou de la capote.

Le but de cette institution est l'exercice de la police municipale et administrative sur toute l'étendue de la voie publique dans le ressort de la Préfecure de police; ils sont placés sous les ordres immédiats des officiers de paix et brigadiers qui les dirigent dans leur service journalier, lequel comprend aussi la police des spectales et autres lieux de divertissemens où le public est admis, ainsi que le maintien de l'ordre dans les cérémonies publiques, etc.

Différens ordres émanés du chef de la police municipale, leur prescrivent de ne point quitter leur uniforme, sans la permission de leurs officiers de paix, soit pour faire un service qui nécessiterait cette mesure, soit pour d'autres motifs.

Il leur est encore enjoint de ne se vêtir d'aucun effet d'habillement d'une autre couleur et forme que celles adoptées; ils ne doivent porter aucune autre chaussure que des bottes, ne pas mettre en évidence les cordons, cachets et clés de montre, le col de chemise ne doit pas paraître au-dessus du col ou de la cravatte noire; ils doivent se coiffer militairement, c'est-à-dire, que le bouton de la ganse du chapeau, doit être placé au-dessus de l'œil gauche; leur maintien doit être décent, et leur tenue constamment propre.

Enfin, d'autres ordres leurs font défense de ne pas fréquenter les maisons de jeu, les cabarets, les boutiques de marchands de vin, notamment dans le voisinage de la Préfecture de police, comme aussi de ne pas fumer publiquement.

En cas d'infraction, par eux, aux dispositions qui précèdent, la suspension de leur traitement ou leur révocation en cas de récidive, sont provoquées par le chef de la police municipale, d'après les rapports des officiers de paix et brigadiers, personnellement responsables de l'exécution des susdits ordres. Voir *Inspecteur de police.*

SERRURIERS.

Il est défendu aux serruriers, maîtres et apprentis, d'ouvrir aucune serrure, sans l'ordre exprès et la présence du maître ou du chef de la maison où ils sont appelés ; sauf le cas où il s'agit d'ouvertures de portes, d'après la réquisition de l'autorité.

Il leur est également défendu de faire aucune clé sur une autre clé, sans avoir essayé ou vérifié sur la serrure, la clé servant de modèle; de faire aucune clé sur des modèles en cire, cartons tracés ou autres patrons, et de livrer à qui que ce soit aucune clé brute ou ébauchée; de vendre et livrer à quelle personne que ce soit, des rossignols ou des crochets. (*Ordonnance de Police, du* 8 *novembre* 1780.) Voir *Bruit des artisans à marteaux.*

SEUILS.

Il faut une permission du Préfet de police,

pour établir en saillie, des seuils de portes ou autres.

Leur saillie ne peut excéder 22 centimètres. (*Ordonnance du Roi, du 24 décembre* 1823.)

SINGES. Voir ANIMAUX.

SOULIERS (VIEUX). Voir TEMPLE.

SOUBASSEMENT.

C'est une construction saillante en maçonnerie, pour soutenir, soit une devanture de boutique ou grille, soit toute autre saillie; il faut une permission du Préfet de police pour en établir.

SOUPIRAUX DE CAVES.

Les soupiraux de caves doivent être garantis par des barres ou grillages, afin d'éviter que les enfans n'y tombent ou que les malveillans ne s'y introduisent.

SPECTACLES ET THÉATRES.

Les réservoirs destinés à porter des secours aux théâtres, en cas d'incendie, doivent être constamment pleins, et leurs agrès en état de service.

Il est enjoint aux directeurs de faire fermer exactement, pendant toute la durée du spectacle, les portes de communication aux coulisses, aux foyers particuliers et loges des actrices, où il ne doit être admis aucune personne étrangère au service du théâtre.

Il est expressément défendu aux directeurs de faire cesser l'éclairage dans l'intérieur de la salle, dans les escaliers, corridors ou vestibules avant l'entière évacuation de la salle.

Les directeurs ne doivent pas faire distribuer un nombre de billets excédant celui des individus que la salle contient, ni inscrire sur la porte des loges un nombre de places supérieur à leur capacité.

Il est défendu au public d'entrer aux parterres et amphithéâtres avec des cannes, des armes ou des parapluies ; dans chaque théâtre, il doit y avoir un lieu destiné à recevoir ces objets en dépôt.

Il ne peut être annoncé dans l'intérieur des salles de spectacles, par les libraires ou par les commissionnaires, d'autres ouvrages que des pièces de théâtre. Défense est faite de les jeter aux personnes qui les demandent.

Il est permis à ces mêmes libraires d'annoncer et distribuer dans l'intérieur des théâtres, un bulletin ou programme du spectacle; mais ce bulletin ne doit contenir que l'annonce du spectacle du jour, et le nom des acteurs qui figurent dans les pièces.

Il est défendu de s'arrêter dans les péristyles ou vestibules servant d'entrées aux théâtre, et de stationner sur la voie publique aux abords de ces établissemens.

La vente des billets pris au bureau, ou qui proviennent d'un autre source, est pareillement défendue, comme gênant la circulation, compromettant l'ordre et la tranquillité publique et donnant lieu à des escroqueries.

La vente de toute contremarque ne peut avoir lieu dans les théâtres où l'on joue plus de deux pièces, qu'après la représentation de la deuxième pièce, et dans les autres, après la représentation de la première.

Il est défendu de parler et circuler dans les corridors pendant la représentation, de manière à troubler l'ordre.

Il est également défendu de troubler la tranquillité des spectateurs, soit par des clameurs, soit par des applaudissemens ou des signes d'improbation, avant que la toile ne soit levée, ou pendant les entr'actes.

Nul ne peut avoir le chapeau sur la tête lorsque la toile est levée.

Il ne peut y avoir pour le service public, à l'entrée des spectacles, que des commissionnaires reconnus par la Police, portant ostensiblement une plaque de cuivre, sur laquelle sont gravés leurs nom, prénoms, le numéro de leur permission, et le nom du théâtre auquel ils sont attachés; ils leur est défendu d'approcher des bureaux où l'on distribue les billets.

Il est expressément défendu aux cochers qui conduisent du monde aux théâtres, de quitter, sous quelque prétexte que ce soit, les rênes de leurs chevaux, pendant que descendent ou remontent les personnes qu'ils ont amenées.

Les voitures de place ne peuvent charger qu'après le défilé des autres voitures.

Aucune voiture ne doit aller plus vite qu'au pas et sur une seule fille, jusqu'à ce qu'elle soit sortie des rues environnant le spectacle.

Il ne doit y avoir pour les théâtres qu'une garde extérieure; elle est spécialement chargée du maintien de l'ordre et de la libre circulation au dehors et du placement des voitures (1).

La garde ne doit pénétrer dans l'intérieur des salles de spectacle que dans le cas où la sûreté publique serait compromise, et sur la réquisition du commissaire de police de service.

---

(1) Un quart d'heure avant la fin de la dernière pièce les sergens de ville doivent distribuer les hommes de garde disponibles sur les différens points où ils sont nécessaires, pour le maintien de l'ordre pendant le défilé des voitures. (Voir la Consigne de chaque théâtre.)

Tout particulier est tenu d'obéir provisoirement à l'officier de police ; en conséquence, tout particulier invité ou sommé par lui de sortir de la salle, doit se rendre sur-le-champ au bureau de police, pour y donner les explications qui pourraient lui être demandées.

Tout individu arrêté, soit à la porte du théâtre, soit dans l'intérieur de la salle, doit être conduit devant le commissaire de police pour y donner des explications qui pourraient lui être demandées, lequel commissaire peut *seul* prononcer son renvoi devant l'autorité compétente, ou provisoirement sa mise en liberté. (*Loi du* 19 *janvier* 1791, *et Ordonnance de Police*, *du* 12 *février* 1828.)

La surveillance du théâtre doit commencer à l'intérieur, au moment de l'ouverture des bureaux de distribution.

Le service extérieur doit commencer au moins une heure avant l'ouverture desdits bureaux.

Le service des bureaux de police est permanent ; il ne doit jamais avoir d'interruption jusqu'à l'entière évacuation de la salle, et doit être concerté de manière à ce que cette disposition soit scrupuleusement observée.

Les sergens de ville ou inspecteur de police de service dans un théâtre, doivent circuler dans les corridors et au pourtour du parterre, afin d'être toujours à portée d'observer, de rendre compte et d'exécuter les ordres qui leur seraient donnés. (*Ordonnance précitée et arrêté du 14 février* 1828.)

Aucun spectateur, dans les théâtres, ne peut exiger des acteurs, des chants ou des couplets de circonstances qui n'auraient pas été annoncés sur l'affiche du jour.

Il est expressément défendu à tout acteur, même sur la demande du public, de chanter des cantates ou morceaux de musique qui ne feraient pas partie de la représentation du jour.

(*Arrêtés du Gouvernement, du* 11 *germinal an* 4, *et du Préfet de police, du* 8 *février* 1831.)

Lors de représentations *gratis* à l'occasion de la fête du Roi, ou autres solennités, le but de l'autorité est de laisser le peuple jouir commodément du spectacle.

En conséquence, les portes des loges doivent être enlevées, sauf quelques-unes réservées pour le service de la police; les grilles des loges doivent être fixées de manière à ne pouvoir être fermées.

Personne ne doit être introduit dans la salle avant l'heure de l'ouverture, et l'on doit tenir la main à ce que les portes de derrière, par où les employés du théâtre font pénétrer leurs amis et connaissances, soient soigneusement fermées. (*Extrait de divers ordres de la Préfecture de police.*)

STATUES. Voir Monumens.

STORES.

Il faut une permission du Préfet de police pour établir des stores au-devant des maisons bordant la voie publique ; leurs dimensions sont restreintes suivant les localités.

SAISIES SUR LA VOIE PUBLIQUE.

Dans le cas de saisies relatives à des étalages mobiles ou sédentaires, ou autres objets en contravention, les contrevenans ne doivent pas être arrêtés, mais seulement invités à se rendre au bureau de police du quartier, à moins qu'il ne s'agisse d'un délit tel que la vente de livres et gravures obsènes ou séditieux, ou bien de jeux de hasard, parce que, dans ce dernier cas, ceux qui tiennent ces jeux, sont toujours des espèces d'escrocs ou vagabonds qu'il importe d'examiner, tant sous le rapport de leurs papiers de sûreté que de leurs moyens d'existence.

TABLEAUX D'ENSEIGNES.

Il est défendu d'établir sur les murs de face des maisons de Paris, aucun tableau en saillie, sans une permission du Préfet de police, il n'est accordé que seize centimètres de saillie. (*Ordonnance du Roi, du* 24 *décembre* 1823.)

TABACS. Voir Fraude.

TAILLEURS DE PIERRES.

Ceux qui taillent des pierres ou des moellons sur la voie publique, dans les cas extraordinaires où l'autorité le permettrait, doivent disposer les matériaux de manière que les éclats ne puissent nuire aux passans.

Ceux qui, dans les mêmes circonstances, scieraient des pierres, doivent les placer de manière que les oscillations de la scie aient lieu parallèlement à l'axe de la rue et non transversalement.

TAMBOUR.

On ne peut battre la caisse, dans Paris, sans une permission de l'autorité. Voir *Saltimbanques*.

TANNEURS.

Les agens de l'Administration de la Police, dans leurs rondes, doivent remarquer et signaler au commissaire de police du quartier, les tanneurs qui feraient écouler des eaux puantes et insalubres sur la voie publique. (*Art.* 471 *du Code Pénal.*)

TAPAGE NOCTURNE.

Ceux qui, par des chants, cris et autres bruits, troublent le repos public pendant la nuit, doivent être arrêtés par les patrouilles et les rondes de police, pour être mis à la disposition du commissaire de police du quartier, lequel constate la contravention, d'après le rapport du chef de la patrouille ou de la ronde. (*Art.* 479 *du Code Pénal*, § 8.) Voir *Bruit*, *Charivaris*.

TAXE DU PAIN. Voir Boulangers.

TARIF DES VOITURES DE PLACE.

Voir Cabriolets, Carrosses, Voitures.

TEMPLE (Marché du).

Le marché du Temple est ouvert tous les jours depuis le lever jusqu'au coucher du soleil, pour la vente du vieux linge, des chiffons, vieux habits et autres objets semblables.

Défenses aux marchands du marché du Temple, du marché Saint-Jacques-la-Boucherie, des quais de la Mégisserie, de Gèvres et Lepelletier, de quitter leurs places ou boutiques pour aller au-devant des brocanteurs et propriétaires d'effets à vendre, d'en acheter dans les allées, dans les cabarets et ailleurs qu'aux marchés et ventes publiques, ou de stationner sur la voie publique à l'effet de racoler les passans et de leur vendre des marchandises.

Il est également défendu à tout marchand d'envoyer sur la voie publique des femmes, des enfans, ou tous autres ayant pour but de leur amener des acheteurs en exerçant le racolage. (*Loi du* 24 *août* 1790, *et Ordonnance de Police, du* 11 *juillet* 1821.)

TENTATIVE DE CRIME OU DÉLIT.

Toute tentative de crime ou délit qui est manifestée par des actes extérieurs et suivie d'un commencement d'exécution, si elle n'a été que suspendue, ou n'a manqué son effet que par des circonstances fortuites ou indépendantes de la volonté de l'auteur, est considérée et punie comme le crime ou le délit même. (*Art.* 2 *du Code Pénal.*)

TERRES (Dépôt de).

Il est défendu de déposer des terres sur la voie publique sans l'autorisation du commissaire de police du quartier. Il ne doit y en être déposé qu'une voie à la fois.

Leur enlèvement complet doit toujours être

effectué avant la nuit. (*Ordonnance de Police, du 23 novembre* 1831, *art.* 8). Voir *Gravois, Pierres.*

TIMBRE ROYAL.

Défense expresse de vendre, distribuer, crier et colporter sur la voie publique, ou dans les lieux publics, des journaux, gazettes, feuilles périodiques, papiers-nouvelles et annonces, qui n'auraient pas été soumis à la formalité du timbre, sous peine de saisie des exemplaires et de 100 fr. d'amende. (*Lois des* 9 *vendémiaire an* 6 *et* 28 *avril* 1816.)

Sont seuls exceptés de la formalité du timbre;

1°. Les lois et ordonnances du Roi;

2°. Les ordonnances de police, jugemens, arrêts et les autres actes des autorités constituées, lorsqu'ils sont publiés conformément au texte;

3°. Les prospectus et catalogues de librairies; les annonces d'objets relatifs aux sciences et aux arts, dont s'occupe l'Institut. (*Lois des* 25 *mars* 1817, 15 *mai* 1818 *et Ordonnance de Police, du* 9 *avril* 1831. Voir *Crieurs.*

TOITS. Voir : Caisses a fleurs, Couvreurs, Incendie.

TOMBEAUX.

Celui qui se rend coupable de violation de Tombeaux ou sépultures, encourt des peines de police correctionnelle, sans préjudice des peines relatives aux crimes et aux délits qui seraient joints à celui-ci (*Article* 360 *du Code Pénal.*)

TRAITEURS. Voir : Cabarets.

TREILLES EN SAILLIE.

Il faut une permission du Préfet de Police pour établir des treilles saillantes aux fenêtres des maisons, dans Paris.

TRÉSOR.

L'inventeur d'un trésor sur le terrain d'autrui, n'ayant droit qu'à la moitié, aux termes de l'article 716 du Code Civil, est coupable de soustraction frauduleuse, à l'égard du propriétaire du fonds, s'il garde la totalité de la somme découverte. (*Arrêt de cassation*, *du* 29 *mai* 1828.)

TROTTOIRS.

La construction de deux trottoirs sur les deux cotés d'une rue, ne peut être simultanément entreprise, à moins que les ateliers ne soient séparés par un intervalle d'au moins 50 mètres.

Les propriétaires, principaux locataires et locataires, doivent balayer, nettoyer et laver les trottoirs au-devant de leurs maisons, au moins une fois par jour, aux heures fixées pour le balayage des rues.

Il est défendu d'y faire écouler aucune eau ménagère.

On ne peut établir aucune devanture de boutique, étalage, borne ni saillie quelconque sur les trottoirs, qu'à partir de deux mètres du sol desdits trottoirs.

La hauteur des bannes se mesure également du sol des trottoirs. (*Ordonnance de Police, du 8 août* 1829.)

Toute charrette quelconque ne doit pas aborder les trottoirs ou passer dessus. (*Ordonnance de Police, du 25 septembre* 1828.)

Les étalages de laitières peuvent y être tolérés jusqu'à 10 heures du matin, toutefois en tenant la main à ce qu'elles rangent leurs boîtes et pots à lait, de manière à ne gêner, que le moins possible, la circulation des piétons. (*Circulaire du Préfet de police, du 9 septembre* 1829.)

TRIPIERS.

Les voitures de tripiers doivent être couvertes, lorsqu'elles transportent de la triperie. (*Ordonnance de Police, du 3 octobre* 1827.) Voir *Charrettes*.

TUYAU DE POELE.

Aucun tuyau de poële dans les maisons de nouvelle construction, ne peut déboucher sur la voie publique.

Dans le cas où la suppression ne peut avoir lieu, ces tuyaux doivent être élevés jusqu'à l'entablement, avec les précautions nécessaires pour assurer leur solidité et empêcher l'eau rousse de tomber sur les passans.

Il doit être établi au-dessous du tuyau un récipient ou entonnoir avec tuyau de fer-blanc pour conduire les égouttures jusque sur le pavé de la rue.

Dans ce dernier cas, ils ne peuvent être établis sans une permission du Préfet de police et avoir plus de 16 centimètres de saillie.

Les tuyaux en poterie ou en grès ne peuvent être conservés extérieurement, sous aucun prétexte. (*Ordonnance du Roi, du 24 décembre* 1823.)

TUYAUX DE DESCENTE.

Les tuyaux de descente ne peuvent être établis qu'en fonte, cuivre, zinc, plomb ou tôle étamée, et doivent être retenus par des colliers en fer à scellement.

Une cuiller en pierre doit être placée sous le dauphin de ces tuyaux. (*Ordonnance de Police, du* 30 *novembre* 1831.) Voir *Conduits*.

VAGABONDS.

Les vagabonds ou gens sans aveu sont ceux qui n'ont ni domicile *certain*, ni moyens d'existence et qui n'exercent habituellement ni métier, ni profession. (*Article* 270 *du Code Pénal.*)

VEAUX.

Il est défendu de faire le commerce de veaux dans Paris, ailleurs que dans les marchés à ce affectés. (*Ordonnance de Police*, *du* 18 *juillet* 1826.)

VERGLAS. Voir GLACES.

VERGLAS. Voir GLACES.

VIDANGEURS. Voir FOSSES D'AISANCES.

VINS (MARCHANDS DE).

On ne peut s'établir marchand de vin à Paris, sans une autorisation du Préfet de police.

Les traiteurs, restaurateurs et aubergistes peuvent vendre du vin en bouteille aux personnes auxquelles ils donnent à manger, lequel vin doit être consommé dans leur établissement, mais ils ne peuvent avoir de comptoirs à l'instar des marchands de vin.

Les marchands de vin doivent avoir au-dessus de la principale porte d'entrée de leur établissement, un écriteau indiquant leurs noms, les initiales de leurs prénoms et leur profession.

Ils doivent avoir des comptoirs en étain au titre, et marqués du poinçon du fabricant; ils ne peuvent en avoir en plomb, à peine de confiscation. (*Décret du 15 décembre 1813, et Ordonnance de Police, du 11 janvier 1814.*)

VIOL. Voir Attentats aux moeurs.

VIOLATION DE DOMICILE. Voir Asile.

VITRES. Voir Carreaux.

VITRIERS AMBULANS.

Les vitriers ambulans sont, comme les marchands colporteurs, soumis aux mêmes règles, sous le rapport de la patente; en cas de non représentation de cette pièce en règle, leurs marchandises doivent être saisies pour être mises à la disposition du commissaire de police. (*Circulaire du Préfet de Police, du 10 septembre 1824.*)

VOIES DE FAIT.

Toutes voies de fait commises envers les personnes, avec ou sans effusion de sang sur la voie publique, doit donner lieu à l'arrestation de l'auteur et à sa tradition devant le commissaire de police du quartier, lorsque le fait est flagrant. Voir *Arrestation*, *Flagrant délit*, *Rapports*.

VOITURES SUSPENDUES.

Toutes les voitures suspendues, de quelque espèce qu'elles soient, en circulation dans Paris, doivent être éclairées pendant la nuit. (*Ordonnance de Police, du 1er octobre* 1827.)

VOITURES PUBLIQUES.

Sous la dénomination de voitures publiques, il faut comprendre toutes voitures destinées au transport des voyageurs, et allant à destination fixe, telles que les messageries et autres.

Chaque voiture doit porter à l'extérieur le nom du propriétaire ou de l'entrepreneur, et l'estampille délivrée par l'administration des contributions indirectes. (*Ordonnance du Roi, du* 16 *juillet* 1828, *article* 4.)

Elle doit porter dans l'intérieur l'indication du nombre de places qu'elle contient, ainsi que le numéro et le prix de chaque place, du lieu de départ et de celui de la destination.

Les conducteurs ne peuvent admettre un plus grand nombre de voyageurs que celui porté en l'indication ci-dessus. (*Idem*, *article* 5.)

Ils ne peuvent également prendre aucun voyageur, ni recevoir aucun paquet, sans en faire mention sur les feuilles qui leur sont remises au départ. (*Idem*, *article* 7.)

Les essieux des voitures doivent être fermés à chaque extrémité, d'un écrou assujéti d'une clavette; les voitures doivent être constamment éclairées pendant la nuit, soit par une forte lanterne placée au milieu de la caisse du devant, soit par deux lanternes placées aux côtés de la même caisse. (*Idem*, *article* 11.)

Toute voiture à quatre roues doit être munie d'une machine à enrayer, agissant sur les roues, au moyen d'une vis à pression; cette machine doit être construite de manière à pouvoir être manœuvrée de la place assignée au conducteur.

En outre de la machine à enrayer, les voitures publiques doivent être pourvues d'un sabot qui doit être placé par le conducteur à chaque descente rapide. (*Même Ordonnance*, *art.* 12.)

Il peut être placé sur l'impériale des voitures publiques, une banquette destinée au conducteur et à deux voyageurs. (*Idem*, *art.* 14.)

La vache placée sur l'impériale, doit être recouverte par un couvercle incompressible, bombé au milieu.

Néanmoins les entrepreneurs peuvent continuer à se servir d'une bâche flexible.

La hauteur du chargement sur l'impériale, doit être déterminée par une traverse en fer divisant le panier de la bâche en deux parties égales, dont les montans au moment de la visite, doivent être marqués d'une estampille constatant qu'ils ne dépassent pas la hauteur prescrite; ils doivent, ainsi que la traverse, être apparens.

Aucune partie du chargement ne doit dépasser la hauteur de la traverse susdite. (*Ordonnance précitée, article* 15.)

Il ne peut être attaché aucun objet autour de l'impériale, ni en dehors du couvercle incompressible ou de la bâche. (*Idem*, *art.* 16.)

Toute voiture attelée de quatre chevaux et plus, doit être conduite par deux postillons ou par un cocher et un postillon (1).

Peuvent néanmoins être conduites par un seul cocher ou postillon les voitures publiques attelées de cinq chevaux au plus, lorsqu'une partie de leur chargement est placée dans la partie supérieure de la voiture, et qu'il est en totalité placé, soit dans un coffre de l'arrière, soit en contre-bas des caisses, et lorsqu'en outre le conducteur seul aura place sur l'impériale.

Les voitures dites *des environs de Paris*, peuvent être conduites par un seul homme quoiqu'attelées de quatre chevaux; au delà de ce nombre, elles doivent être conduites par deux hommes. (*Idem art.* 25).

---

(1) L'exécution de cette disposition est suspendue jusqu'à nouvel ordre, suivant une circulaire du 13 août 1830.

Les postilions ne peuvent, sous aucun prétexte, descendre de leurs chevaux; il leur est expressément défendu de conduire les voitures au galop dans les villes ou communes rurales; elles doivent être conduites au petit trot et au pas dans les rues étroites. (*Idem, article* 26.)

La conduite des voitures publiques ne peut être confiée qu'à des hommes pourvus de livrets; ces hommes doivent être âgés au moins de seize ans accomplis. (*Idem, article* 30.)

L'ordonnance ci-dessus relatée doit être constamment affichée dans le lieu le plus apparent du bureau de départ et d'arrivée. (*Idem, article* 36.)

Les entrepreneurs de voitures publiques doivent remettre au conducteur la copie de l'autorisation du roulage qui leur aura été délivrée à la Préfecture de police; afin d'en justifier au besoin. (*Ordonnance de Police, du* 19 *août* 1828, *art* 4.)

Les voitures doivent porter un numéro d'ordre pour chaque établissement; ces chiffres doivent être de forme arabe et avoir soixante millimètres (deux pouces et demi) de hauteur, être peints en blanc de chaque côté de la voiture, sur la partie noire des panneaux.

Les voitures, après leur visite par les experts, portent près du numéro un double *P*. (*Même Ordonnance, article* 5 *et* 6.)

Les voitures dont la destination n'est pas au-delà de huit lieues, doivent porter l'inscription suivante: *Voiture des environs de Paris.* (*Ordonnance précitée.*)

VOITURES DITES OMNIBUS.

Les entrepreneurs de voitures, dites Omnibus, et autres faisant le service du transport en commun, dans l'intérieur de Paris, et dont le chargement se fait sur la voie publique, doivent être munies d'un permis spécial de stationnement sur chacun des points affectés à leur entreprise.

Toutes ces voitures doivent être estampillées sur les deux panneaux de côté et sur les panneaux de derrière, d'un numéro ayant 10 centimètres (4 pouces) de hauteur, sur 6 (2 pouces deux lignes) de largeur.

Ce numéro doit être peint en noir sur écusson blanc, ou en blanc sur écusson noir.

Aux termes d'un arrêté du Préfet de police, en date du 8 octobre 1829, les numéros de police doivent être peints sur trois plaques mobiles qui indiquent en outre l'itinéraire de la voiture. Ces plaques doivent être estampillées d'un poinçon figurant deux P, et être placées aux panneaux de chaque côté et une derrière.

Le numéro doit être répété sur une tablette en fer battu, ayant 13 centimètres de longueur, sur 7 centimètres de hauteur, laquelle doit être fixée dans l'intérieur de la voiture, entre les deux carreaux de devant.

Chaque voiture doit porter deux lanternes à l'extérieur et une à l'intérieur qui doit être fixée au panneau attenant au siége du cocher; elles doivent être allumées à la chûte du jour.

Il est défendu de placer des voyageurs ou des ballots quelconques sur l'impériale.

Il est expressément interdit de faire stationner sur la voie publique des voitures *Omnibus* et autres, qui ne seraient pas numérotées; dans le cas où des voitures seraient trouvées en contravention à cette défense, elles doivent être conduites à la fourrière de la Préfecture de police.

Toutes les voitures de ces entreprises ne peuvent être conduites que par des conducteurs et cochers porteurs d'*un permis de conduire*, délivré par la Préfecture de police, et doivent être pourvues, d'un livret de maître doint il est parlé précédemment (c'est le permis de stationnement).

Les conducteurs et cochers desdites voitures doivent être âgés au moins de dix-huit ans.

Tout cocher ou conducteur conduisant une voiture de transport en commun, doit être muni :

1°. Du livret de maître contenant le numéro,

le permis de circuler et stationner de la voiture et l'Ordonnance de police, du 25 août 1829;

2°. De papiers de sûreté qu'il est tenu de représenter, ainsi que le livret ci-dessus, à toute réquisition du public ou de l'autorité.

En cas de refus ou d'impossibilité, il doit être conduit chez le commissaire de police du quartier ou chez le commissaire le plus voisin, pour y donner les explications nécessaires.

Il est défendu aux conducteurs et cochers de quitter leurs voitures, lorsqu'elles stationnent sur les places à ce affectées.

Il est expressément défendu de faire arrêter les voitures de transport en commun, dans les carrefours, aux embranchemens des rues, à la descente des ponts; même défense devant les théâtres à partir de six heures du soir.

Les conducteurs ne peuvent recevoir un plus grand nombre de personnes que celui que les voitures contiennent; ce qui doit être indiqué tant dans l'intérieur qu'à l'extérieur de la voiture; ils ne peuvent jouer de la trompette après neuf heures du soir. Voir *Cors*, *Bruit*.

Les voitures *Omnibus* et autres ne peuvent traverser les halles du centre, avant dix heures du matin; elles doivent être conduites au pas dans les marchés et dans les rues étroites où deux voitures ne peuvent passer de front; il est enjoint aux cochers de ne point faire galoper leurs chevaux.

Le prix des places dans toutes les voitures de transport en commun, est fixé à 30 centimes par personne, pour le parcours de chacun des itinéraires qui doivent être désignés d'une manière ostensible, tant à l'extérieur que dans l'intérieur de la voiture.

Il est expressément défendu aux entrepreneurs de voitures *omnibus* et autres semblables, de s'écarter des lignes de parcours qui leur sont assignées et de les prolonger.

Lorsqu'une voiture a quitté le lieu de stationnement, elle ne peut s'arrêter dans le parcours de l'itinéraire que le tems strictement nécessaire pour faire monter ou descendre des voyageurs. (*Ordonnances de Police, des* 18 *septembre* 1828, 25 *août* 1829 *et* 2 *janvier* 1830.)

VOIRIE.

On distingue la voirie en grande et petite.

La grande voirie comprend les alignemens, les ouvertures de baies, de portes et fenêtres sur la rue, etc.; elle est dans les attributions du Préfet de la Seine.

La petite voirie comprend les auvens, les enseignes de toute espèce, les devantures de boutiques, contrevents, persiennes et généralement tous objets établis en saillie sur les murs des faces des maisons de Paris ; elle est dans les attributions du Préfet de police.

Les préposés ou agens du service extérieur de la Préfecture de police, n'ont donc à exercer leur surveillance que sur les établissemens d'objets de petite voirie ; cette surveillance est très-importante, non seulement sous le rapport de la sûreté publique, mais sous le rapport fiscal, car les droits que l'Administration perçoit en délivrant des permissions pour la pose d'auvents, devantures de boutiques, etc., sont une des branches des revenus de la ville de Paris.

Le devoir des agens est de signaler à la Préfecture de police et au commissaire de police du quartier, les lieux où l'on exécute des travaux de petite voirie, afin que, dans le cas où l'on ne se serait pas pourvu d'une permission pour ces établissemens, il soit pris à leur égard, des mesures tendant à les faire cesser, s'ils sont de nature à ne pas être autorisés.

La réparation d'objets de petite voirie donne ouverture à de nouveaux droits et est, par conséquent, assujétie à une nouvelle permission. (*Décret du 27 octobre* 1808, *Ordonnance du Roi, du 24 décembre* 1823, *et Ordonnance de Police, du* 9 *juin* 1824.)

VOLS.

Quiconque soustrait une chose qui ne lui appartient pas, est coupable de vol. (*Article* 379 *du Code Pénal.*)

Les circonstances aggravantes du vol, sont :

1°. Si le vol a été commis la nuit;

2°. S'il l'a été par deux ou plusieurs personnes;

3°. Si les auteurs étaient porteurs d'armes apparentes ou cachées;

4°. Si le vol a été commis à l'aide d'effractions, d'escalades ou fausses clés dans une maison habitée ou en prenant une fausse qualité;

5°. Si le vol a été commis avec violences ou menaces de faire usage d'armes. (*Art.* 381 *du Code Pénal.*)

Tout fait par lequel on s'approprie le bien d'autrui, n'est pas toujours un vol, par exemple : les délits civils, les abus de confiance, par lesquels on s'approprie la chose d'autrui, les soustractions entre maris et femmes, celles des enfans à l'égard de leurs pères et mères et *vice versâ*, ne sont pas des vols.

Ce délit n'existe que lorsque l'auteur du fait va prendre chez autrui la chose qui ne lui appartient pas, en s'emparant de la chose qu'il n'avait pas en sa possession. (*Arrêt de Cassation*, *du* 30 *janvier* 1829.)

VOLAILLES. Voir GIBIER. — POULES.

VOLANTS. (Jeu de) Voir JEUX.

VOLETS.

Il faut une permission du Préfet de police, pour placer des volets à l'extérieur des maisons donnant sur la voie publique.

Leur saillie ne peut excéder l'épaisseur des bois; ils doivent être retenus solidement, lorsqu'ils sont ouverts, par des tourniquets, clavettes ou autres objets scellés dans le mur.

FIN.

FORMULES DE RAPPORTS

ET

AUTRES ACTES.

N° 1er.

Charrettes en contravention.

L'an mil huit cent ..... le ..... à .....

Nous ..... sergens de ville ou inspecteurs de police, soussignés.

Faisant une ronde dans l'étendue du ..... arrondissement de Paris, pour assurer l'exécution des lois et réglemens de police, concernant la sûreté publique, avons reconnu et constaté, à .... heures .... du .... qu'une charrette vide ou chargée, attelée de ...... chevaux, passant rue ...... était conduite au trot, par un homme assis (*ou debout*) dedans.

Interpellé par nous, ce conducteur nous a déclarer se nommer (*noms, prénoms*), et être au service du sieur ..... (*nom du propriétaire de la charrette, profession et demeure*) auquel la charrette et le cheval appartenaient, ce dont nous nous sommes assurés, en examinant la plaque apposée à ladite charrette.

Constater si la plaque est illisible ou si elle est conforme à la déclaration du conducteur.

Pourquoi nous avons déclaré audit conducteur qu'il était en contravention, et en avons dressé le présent rapport, comme s'agissant d'une contravention à l'ordonnance de police du 9 mai 1831, concernant la circulation des charrettes dans Paris, lequel rapport sera transmis à M. le Chef de la police municipale, à telles fins que de raison.

Signatures.

N° 2.

Chiens attelés aux charrettes ou non-muselés.

L'an mil huit cent .....

Il a été constaté par nous ..... sergens de ville et ..... inspecteurs de police, soussignés, qu'aujourd'hui à l'heure susdite, un individu qui nous a déclaré se nommer (*noms, prénoms, profession et demeure*) conduisait rue ..... une voiture traînée par un chien, *ou bien*, conduisait une charrette, attelée d'un cheval, sous laquelle était attaché un chien (*l'espèce*) non-muselé; *ou bien*, traînait une charrette à bras, sous laquelle ou à côté de laquelle était attaché un chien qui tirait et lui aidait à la traîner.

Ayant vérifié la plaque apposée à cette charrette, avons reconnu qu'elle portait le nom de (*nom, profession et demeure du maître*).

Et, attendu qu'il s'agit d'une contravention à l'article 1er de l'Ordonnance de Police du 1er juin 1824, concernant la prohibition des charrettes traînées par des chiens, *ou bien*, d'une contravention à l'Ordonnance de Police, du 20 mai 1831, concernant les chiens errans, en avons fait la notification audit ..... (*nom du conducteur*), et en avons dressé le présent rapport qui sera transmis à M. le Chef de la police municipale, à telles fins que de raison.

Signatures.

N° 3.

AUTRE EXEMPLE.

Crime ou délit *signalé au Commissaire de police d'un quartier, par un agent marchant isolément.*

Je, soussigné, sergent de ville *ou* inspecteur de police, fais rapport à M. le Commissaire de police du quartier .... concernant les faits suivans;

Passant aujourd'hui, à... heures du.., rue... j'ai été attiré par l'aspect d'un groupe de curieux qui subsistait vers la maison n°,... m'en étant approché j'ai remarqué parmi la foule qui l'entourait un homme (*ou une femme*) paraissant blessé à la tête (*ou ailleurs*), et ayant le visage couvert de sang; il semblait inculper un individu présent, *ou absent*, de lui avoir fait volontairement *ou involontairement*, des blessures avec un couteau, *ou autre instrument*.

Ayant aussitôt décliné ma qualité audit blessé, je l'ai invité à me donner quelques renseignemens sur les circonstances et causes de sa blessure, ainsi que sur l'auteur, s'il est connu; il m'a dit que (*narrer ici le récit de l'évènement, le plus succinctement possible*); il m'a désigné en même tems un particulier comme étant l'auteur ou complice du fait en question, je l'ai fait arrêter sur-le-champ et conduire à votre bureau, ou à votre disposition au poste du ..... où le plaignant s'est rendu et m'a déclaré se nommer (*nom, profession et demeure*).

Les témoins pouvant donner des renseignemens sur cette affaire, sont : (*noms, profession et demeure*).

J'ai cru devoir inviter le plaignant (*s'il peut marcher*) à se rendre à votre bureau, à ... heure, *ou bien terminer en mentionnant qu'il a été transporté sur sa demande, soit à son domicile, soit dans un hôpital qu'il faut indiquer.*

Fait à Paris, le .....

Signatures.

N° 4.

Étalage de marchand ambulant, saisi en contravention.

Nous, sergens de ville, ou inspecteurs de police, soussignés.

Faisant une ronde dans l'étendue du ... arrondissement, pour l'exécution des lois et règlemens de police, concernant la liberté de la voie publique, avons remarqué, rue .... près de ..... un étalage de fruits des quatre saisons *ou* d menue quincaillerie, formé sur une manne à pieds (*ou sur une charrette*), ou sur le sol de la voie publique, ce qui nuisait à la circulation des piétons.

Pourquoi ayant saisi cet étalage, l'avons fait transporter par le nommé (*nom et demeure*), journalier ou commissionnaire, requis par nous à cet effet, au bureau de police du quartier de ..... ou au corps-de-garde .....

Le contrevenant, sur notre invitation, nous a déclaré se nommer (*nom et demeure*).

En conséquence, nous lui avons déclaré qu'attendu sa contravention à l'ordonnance de police du 1er octobre 1830, concernant les étalages sédentaires, nous rédigions le présent rapport contre lui, pour être, ainsi que sa marchandise, détaillée ci-après, mis à la disposition de M. le Commissaire de police du quartier susdit.

(*Inventorier ici la marchandise.*)

1°. Une manne à pieds;

2°. Deux paniers de prunes;

3°. Une paire de balances en fer-blanc;

4°. Deux poids non-poinçonnés, l'un d'une livre et l'autre d'une demi-livre, etc.

Fait à Paris, le .....

Signatures.

N° 5.

Nettoiement et Balayage de la voie publique.

Nous, ... sergens de ville et ..... inspecteurs de police, soussignés.

Faisant notre tournée dans le ..... arrondissement, pour le maintien de la propreté de la voie publique, avons reconnu et constaté que, malgré l'avertissement donné par nous, le ..... et nonobstant celui donné habituellement chaque matin, par la sonnette de police du quartier de ..... le sieur ..... (*nom, profession et demeure*) avait négligé le nettoiement, ce jourd'hui, à .... heures du matin, au-devant de sa boutique, *ou* au-devant de la maison qu'il occupe, *ou* au-devant de la maison dont il est propriétaire, rue ...., n° ...., ce qui résultait surtout de la paille, boue, ou autres immondices existant sur le sol de la voie publique.

Ou bien après l'indication de la demeure du contrevenant; avait poussé les boues provenant du balayage à sa charge, dans le ruisseau de la rue, au lieu de les relever en tas au pied du mur de sa boutique, ou de sa maison (*si c'est une rue à un ruisseau*) *ou bien encore*, avait poussé les ordures provenant du balayage à sa charge, au devant de la maison du sieur .... son voisin.

Attendu que ledit sieur ...... est contrevenu à l'Ordonnance de Police du 21 novembre 1830, concernant le balayage, avons dressé contre lui le présent rapport, pour être remis à M. le Commissaire de police du quartier d ...... à telles fins que de raison.

Fait à Paris, le ....

Signatures.

C'est ainsi qu'il faut commencer et terminer tous les actes qui ont trait aux contraventions locales, dont les rapports doivent être remis aux commissaires de police respectifs, afin que ces derniers soient à même d'y donner toute la suite convenable.

N°. 6.

Projection par les fenêtres des maisons.

Nous ...... etc, soussignés.

Passant dans la rue..... a ... heure d ..., avons remarqué par une fenêtre du ..... , étage de la maison sise, rue..., n°..., une femme ou un homme qui venait de vider un pot de nuit sur la voie publique (*mentionner le nom et la demeure de la personne qui en a été atteinte, si le cas échet*).

Ayant recueilli des renseignemens près du portier ou principal locataire de la maison, il nous a été dit que le logement en question est occupé par le sieur ..... et que la personne, auteur de la projection, est la nommée ....., sa domestique.

Pourquoi nous lui avons déclaré et notifié sa contravention prévue par le douzième paragraphe de l'art. 471 du Code Pénal, et en avons dressé le présent rapport, pour être remis à M. le Commissaire de police du quartier d ..... à telles fins que de raison.

Fait à Paris, le .....

Signatures.

N°. 7.

Animaux, charrettes ou autres voitures quelconques abandonnées sur la voie publique pendant la nuit.

Nous ..... soussignés, étant en tournée dans l'étendue du ..... arrondissement, avons reconnu et constaté le fait suivant :

Passant, à ...... heure, rue ..... nous avons

trouvé abandonnée sur la voie publique, une charrette vide non attelée, la plaque en était illisible, ou elle portait (*Nom, profession et demeure du propriétaire*).

S'il s'agit d'un cheval ou autre animal, il faut le désigner par son signalement et ses harnais, s'il est harnaché.

Et attendu qu'il s'agit d'une contravention prévue par le paragraphe 4 de l'article 471 du Code Pénal (*pour la charrette*) ou prévue par le paragraphe 4 de l'article 475 du même Code (*s'il s'agissait d'un cheval ou d'un animal dont la divigation est défendue*), nous avons dressé le présent rapport, pour être transmis à qui de droit.

Fait à Paris, le .....

Signatures.

Rédiger à la suite l'ordre d'envoi à la fourrière ainsi conçu :

Le gardien de la fourrière de la préfecture de police, rue Guénégaud, n°. 31, est requis de recevoir, pour y être gardé jusqu'à nouvel ordre, le cheval, *ou bien* la charrette, *ou bien* le carrosse, signalé au rapport qui précède.

Il voudra bien payer au nommé ..... commissionnaire *ou* journalier, la somme de 1 franc 50 centimes (1) que nous lui avons allouée pour salaire de conduite.

---

(1) Cette somme est invariablement fixée. (*Voir* Fourrière dans ce Recueil.)

Paris, lesdits jour, mois et an que dessus.

Signatures.

N°. 8.

Vidangeurs.

Nous ..... soussignés.

Étant en ronde avons remarqué des vidangeurs qui travaillaient pendant la nuit dernière à ...... heures, rue.., dans la maison portant le n°.., que.. tinettes se trouvaient à la porte de cette maison, sur la voie publique, et qu'il n'y existait pas de lanternes, avec de la lumière, ainsi qu'il est prescrit par l'article 4 de l'Ordonnance de Police du 4 juin 1831.

Ou bien, que la voiture chargée de tinettes appartenant au sieur.., entrepreneur de vidange, demeurant rue ....., conduite par le nommé ..... ne portait pas de lanternes avec de la lumière, ce qui est une contravention à l'art. 2 de la même ordonnance.

Dans le premier cas. Ayant interpellé le chef d'atelier, ou le portier de la maison en question, il nous a été répondu que la vidange était faite pour le compte du sieur ...., entrepreneur, demeurant rue .... n° ....

Nous lui avons, en conséquence, déclaré et notifié cette contravention, et en avons dressé le présent rapport, pour être transmis à qui de droit.

Fait à ..... le ....

Signatures.

N°

Ordre de consigne dans un poste, ou de conduite chez un commissaire de police quand son bureau est ouvert.

M. le Commandant du poste .... de .... est invité à détenir à son poste, à la disposition de M. le Commissaire de police du quartier de ..., demeurant rue ..., où il sera conduit à ... heures du...., un individu qui a déclaré se nommer ...., exercer la profession et demeurer rue ....

Lequel a été arrêté aujourd'hui, à .... heures, sur la clameur publique, ou d'après ma réquisition, ou sur celle du sieur ..., pour avoir (*libeller ici la cause de l'arrestation*).

Fait à Paris, le ....

S'il s'agissait de crimes graves tels qu'assassinats, meurtres, vols avec une circonstance aggravante, il faudrait ajouter par un nota au pied de l'ordre.

Nota. Le prévenu ne peut communiquer avec personne.

N°. 10.

Réquisitoire pour l'emploi de la force armée.

Préfecture de police *ou commissariat de police du quartier du .....*

M. le Commandant du poste est requis de me prêter main-forte pour conduire devant le commissaire de police du quartier .... un individu inculpé de vol.

Paris, le .....

Ou bien après le mot requis, de mettre à ma disposition .... hommes de garde pour le service de la police.

Paris, le

Signatures.

FIN DES FORMULES.

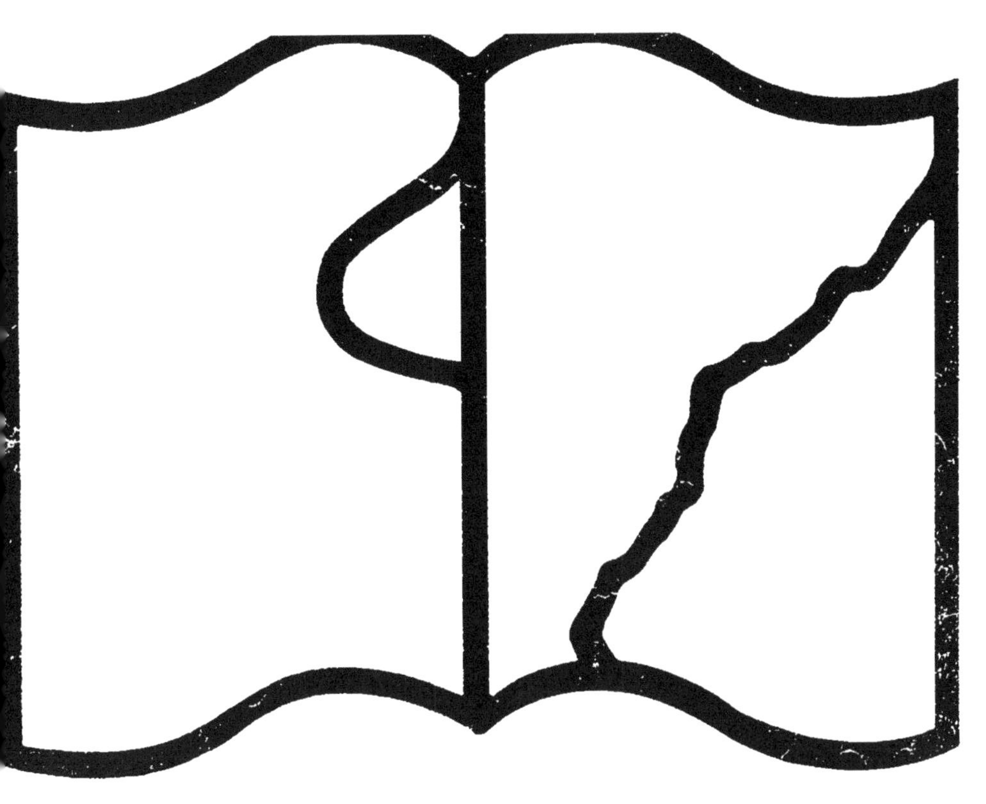

Texte détérioré — reliure défectueuse

NF Z 43-120-11

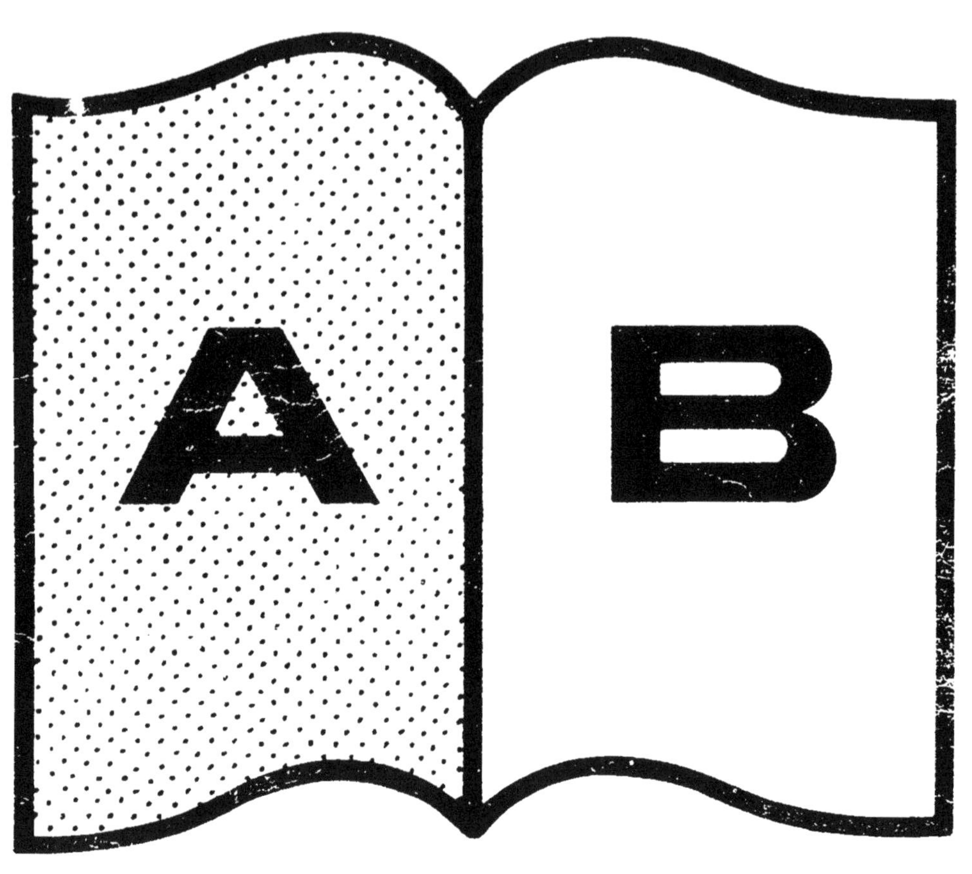

Contraste insuffisant

NF Z 43-120-14

www.ingramcontent.com/pod-product-compliance
Ingram Content Group UK Ltd.
Pitfield, Milton Keynes, MK11 3LW, UK
UKHW021855190726
13855UKWH00001B/330